ASESINOS EN SERIE

Las Biografías de los Asesinos Más Notorios

(Dentro de las Mentes y Métodos de los Psicópatas, Sociópatas y Torturadores)

Libros de Archivos Forenses

Reportajes de Crímenes Reales

Descargo de responsabilidad

Introducción

Un asesino en serie es una persona que comete varios asesinatos en un corto periodo de tiempo. Se trata de un asesino que mata a dos o más personas en crímenes separados y no relacionados entre sí, según una definición aceptada en un simposio del FBI en 2005. Un asesino en serie se distingue así de un asesino en masa (cuyos actos están relacionados entre sí) y de un asesino en serie (que, debido a la falta de tiempo entre los asesinatos, no suele referirse a crímenes diferentes).

Los asesinatos de un asesino en serie suelen llevarse a cabo de forma similar.

En la década de 1930, el jefe de policía de Berlín Ernst Gennat acuñó el término "asesino en serie", utilizando el término "serienmörder" para caracterizar al asesino en serie Peter Kürten.

Características de los asesinos en serie

Los asesinos en serie suelen padecer disfunciones sexuales y tienen una baja autoestima. Los asesinos en serie también son conocidos por sus tendencias sádicas. El asesinato propiamente dicho suele ser el final de un largo proceso que repiten con cada asesinato. Algunos asesinos en serie vuelven a la escena del crimen o al lugar donde dejaron el cuerpo de su víctima.

Los asesinos en serie se han apoderado de los bienes personales de la víctima en varias ocasiones; volver a la escena del crimen o mantener a la víctima cerca de ella, así como apropiarse de los bienes personales, son formas de obtener el "poder definitivo" sobre la víctima, que ha demostrado ser con frecuencia el objetivo superior de los asesinos en serie.

El canibalismo, por ejemplo, es la manifestación de mayor alcance para ejercer este poder supremo. Los asesinos en serie suelen ser más negligentes a medida que aumenta el número de sus víctimas, los asesinatos son más frecuentes y el asesino en serie hace menos intentos por ocultar los cadáveres. Los asesinos en serie con más víctimas suelen ser individuos inteligentes.

Métodos de actuación de los asesinos en serie

Al igual que otros criminales, muchos asesinos en serie tienen su propia "firma" o "distintivo". La "escritura" o firma del autor del crimen se considera a menudo como el modus operandi. Sin embargo, se trata de dos nociones distintas. El modus operandi del delincuente es lo que hace para cometer el delito, y puede cambiar. La única opción del delincuente para satisfacer su lujuria es firmar. Como cada asesinato enseña al delincuente a hacerlo mejor, el modus operandi puede cambiar. Además, la escena del crimen puede requerir cierta creatividad.

Asesinos en serie famosos

El colombiano Pedro Alonso López está considerado el asesino en serie más famoso del mundo. Se cree que ha violado y asesinado a 350 mujeres y niños. Según el Libro Guinness de los Récords, el indio Thug Buhram es el mayor asesino en serie de todos los tiempos (o Behram). Pertenecía a una banda de criminales que estrangulaba a la gente como forma de adoración a la diosa de la muerte Kali. Según los informes, mató a 931 personas entre 1790 y 1830, todas ellas estranguladas con su tela de estrangulación. Otra opción es la condesa húngara Erzsébet Báthory, que torturó y asesinó a mujeres y niñas en su castillo con la ayuda de cuatro cómplices tras la muerte de su marido. De nuevo, las fuentes son confusas: las estimaciones más conservadoras sitúan el número de homicidios en 36, pero hay indicios de que la cifra podría oscilar entre 200 y 600.

En esta colección de relatos cortos y biografías, exploraremos los perfiles de los asesinos en serie, lo que les llevó a cometer tan horribles atrocidades, y si fueron o no detenidos y castigados. ¿Qué podemos aprender de la vida de los monstruos y de su historia de asesinatos?

Si le gusta este libro, deje una reseña, ya que nos ayudará mucho y nos permitirá seguir publicando la historia del crimen mundial.

Índice de contenidos

1. Rodney Alcalá

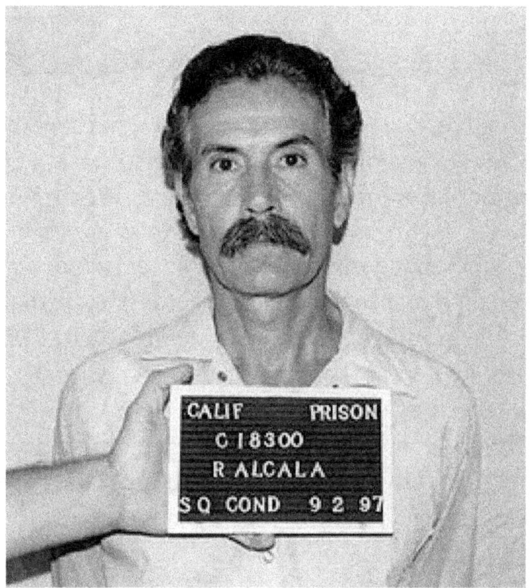

Años de actividad: 1971-1979
País: Estados Unidos
Asesinatos cometidos: 8 confirmados, 12 estimados
Castigo: Sentencia de muerte por inyección letal

Rodney Alcala, asesino en serie de Los Ángeles, California, nació el 23 de agosto de 1943 en San Antonio, Texas, Estados Unidos. **Cornelia Michel Crilley** (*23 años*), **Ellen Jane Hover** (*23 años*), **Robin Samsoe** (*12 años*), **Jill Barcomb** (*18 años*), **Georgia Wixted** (*27 años*), Charlotte Lamb (*31 años*), **Jill Parenteau** (*21 años*) y **Christine Thornton** (*28 años*) *fueron algunas* de las ocho mujeres y una niña que asesinó.

Su juventud y juventud adulta

Rodney Alcala nació en San Antonio, Texas, en 1943, hijo de Raoul Alcala Buquor y Anna Maria Gutierrez. Su hermano mayor y su hermana nacieron antes que él, y su hermano menor nació después. Su padre trabajaba como profesor de español y era el sostén de la familia. La familia de Rodney se trasladó a México cuando él tenía ocho años porque su abuela materna estaba enferma y quería pasar allí sus últimos años. Su padre regresa a Estados Unidos tras el fallecimiento de su abuela y abandona a la familia.

Rodney tiene 11 años y sus padres se divorcian cuando su madre traslada a los cuatro hijos a Los Ángeles. A pesar de todo, hace amigos en la escuela y es uno de los mejores estudiantes de su clase. Recibe clases de piano y sigue tocando durante toda su carrera académica.

Comienza la escuela secundaria en 1956. Considera que ha recibido suficiente educación religiosa en el último semestre. Se matricula en un instituto público. Se gradúa de la escuela secundaria tres años después, en 1960, y se inscribe en Carolina del Norte para entrenar como paracaidista militar. En ese momento tiene 17 años. Se alista en el Ejército de los Estados Unidos como oficinista tras completar su formación. Su padre fallece inesperadamente el 1 de agosto de 1962. Alcalá sufre una crisis nerviosa y es internado en un centro psiquiátrico.

Tras su liberación, se matricula en la Escuela de Bellas Artes de la UCLA, una universidad estadounidense, y se licencia en Bellas Artes en 1968. Lleva a cabo su primer crimen violento en 1968. La víctima, de ocho años, está viva y sana.

Alcalá tiene ahora 25 años y ha conseguido evitar a las autoridades por el momento. Se matricula en la Universidad de Nueva York (NYU) con la identidad "John Berger" y es admitido en el programa de cine. Roman Polanski, entre otros, fue uno de sus profesores.

En julio de 1968, es contratado en un campamento de verano en George Mills, New Hampshire, con el nombre de "John Berger". Allí trabaja en el ámbito del teatro y el arte como consejero. En junio de 1971 obtiene su diploma de la Universidad de Nueva York. Ese mismo mes viola y asesina a Cornelia Michel Crilley, una mujer de 23 años. Este asesinato no se resuelve hasta dentro de 40 años.

Asesinatos y otros actos de violencia 1968-1979

Atrae a Tali Shapiro, una niña de 8 años, a su residencia de Los Ángeles el 25 de septiembre de 1968. Un automovilista lo presencia y lo persigue hasta su apartamento, donde llama a la policía. Cuando la policía llama al timbre, Alcalá huye del piso. La chica ha sido violada y golpeada con un tubo de acero y ha sido descubierta con vida. Se matricula en la Universidad de Nueva York con el nombre de John Berger y es aceptado, lo que le permite evitar la orden de detención.

Cornelia Michel Crilley, una auxiliar de vuelo de Trans World Airlines de 23 años, es encontrada en su apartamento de Manhattan violada y estrangulada en junio de 1971. Su asesinato permaneció inexplicado hasta 2011, cuando se vinculó a Alcalá.

Por la violación e intento de asesinato de Tali Shapiro, el FBI ha añadido a Alcalá a su lista de los diez fugitivos más buscados. Dos niñas que asisten al campamento de verano de George Mills observan su foto en un cartel del FBI en la oficina de correos en agosto. Lo denuncian al decano del campamento de verano, que a su vez lo comunica al FBI.

La primera detención y encarcelamiento

Alcalá es detenido en el acto y extraditado a California el 11 de agosto de 1971. Los padres de Tali Shapiro no le permiten testificar en el caso. Sin este testimonio, Alcalá no puede ser condenado por violación o intento de asesinato; en su lugar, los fiscales le declaran culpable de cargos menores. Se le condena a una "sentencia indefinida" el 19 de mayo de 1972; se establece un plazo durante el cual permanecerá en prisión preventiva; si se "prueba" durante ese tiempo, podrá optar a la libertad condicional. El médico de la prisión estatal considera que Alcalá ya ha demostrado un progreso y una transformación significativos después de dos años y medio. Como resultado, Alcalá es puesto en libertad condicional en agosto de 1974 tras cumplir una condena de 34 meses de prisión. Está obligado a registrarse en el Departamento de Policía de Monteray Park como delincuente sexual. Ese mismo mes, consigue un trabajo en una empresa fotográfica de Los Ángeles, donde toma imágenes en tiendas.

La segunda detención y la condena a prisión

Menos de dos meses después de su libertad condicional, es detenido el 13 de octubre por un superintendente de parques que se desprende del olor de un porro. Encuentra a Alcalá en compañía de una niña de 13 años de

Huntington Beach. Alcalá la secuestró, la besó y la obligó a fumar marihuana con él. Alcala recibe de nuevo una "condena indeterminada" y es puesto en libertad condicional después de dos años el 16 de junio de 1977. La libertad condicional se concede porque se dice que Alcalá se ha "reformado" en base a los programas de superación personal en los que había participado en prisión. Tras su puesta en libertad, se le exige que se presente semanalmente a su agente de libertad condicional.

Su aparición en un programa de citas de televisión

El 13 de septiembre de 1978, Alcalá es concursante en un programa de citas de la televisión, el presentador lo presenta como un "fotógrafo de éxito que empezó cuando su padre lo encontró completamente revelado en el cuarto oscuro a la edad de 13 años. Entre las fotos se le podía ver haciendo paracaidismo o montando en moto". Con un estilo suave, da respuestas ingeniosas. Alcalá gana el programa de citas. El premio es una clase de tenis y un viaje de un día a un parque de atracciones. Sin embargo, la mujer que lo elige, Cheryl Bradshaw, cancela más tarde su cita porque lo encuentra espeluznante. Su participación en el programa, le hace ganar el apodo de "El asesino del juego de las citas".

La recompensa por el mal comportamiento

El 13 de febrero de 1979, coge a Monique Hoyt, de 15 años, que está haciendo autostop en la carretera de Riverside. La convence para que le deje hacer una foto en el bosque en relación con un concurso de fotografía. Pasan la noche juntos en su apartamento. A la mañana siguiente la lleva a una zona remota en las montañas de los alrededores de Los Ángeles. Le hace fotos desnuda y luego la viola. Ella se gana su confianza siendo lo más amistosa posible con él, le dice que quiere tener una relación con él y se escapa cuando él utiliza el baño de una gasolinera. Lo denuncia a la policía y ese mismo día reconoce a Alcalá en una foto publicada por la policía entre otras fotos de hombres con apariencia externa similar. Alcalá es detenido y admite que le apretó el cuello y la violó. Sin embargo, Alcalá no tarda en volver a estar en libertad: su madre paga la fianza de 10.000 dólares y él vuelve a estar libre.

En abril de 1979, Alcalá entrega su carta de dimisión a su director en el LA Times. El 12 de mayo, tiene su último día de trabajo allí. El 14 de junio, se encuentra el cuerpo de Jill Parenteau, de 21 años, en su apartamento de Burbank, Los Ángeles. Ha sido violada, estrangulada y golpeada. Se determina que han entrado en su casa. El ADN del agresor queda en su cuerpo. En 2004, el análisis de ADN establece que Alcalá cometió el asesinato. También se encuentra el ADN de Jill Parenteau en un pendiente que estaba en posesión de Alcala.

El 20 de junio de 1979, Robin Samsoe, una niña de 12 años de Huntington Beach, desaparece. Su cuerpo es encontrado 12 días después en el "Bosque Nacional de los Ángeles", donde había sido roído por animales salvajes. Un amigo de la niña cuenta a la policía que un desconocido les preguntó si podía hacerles fotos. Se toma una foto del culpable y se distribuye.

Detención y condena

El 14 de julio de 1979, Alcalá es detenido por el asesinato de Robin Samsoe; la fianza se fija en 250.000 dólares. Durante un registro en el domicilio de la madre de Alcalá, dos semanas después, los detectives encuentran un recibo de alquiler de un almacén en Seattle. En el almacén se encuentran varios pendientes, entre ellos el de Robin Samsoe.

El juicio comienza en 1980, Alcalá se declara "no culpable" pero ese mismo año, el 20 de junio, es condenado a morir en la cámara de gas. El testimonio de sus hermanas y de su entonces novia, que le proporcionaron una coartada para el asesinato de Robin Samsoe, no surtió efecto. Sin embargo, el veredicto es anulado en 1981 por el Tribunal Supremo de California porque los miembros del jurado habían sido informados de sus anteriores delitos sexuales (el caso Tali Shapiro de 1968), lo que los predispuso.

En 1986, Alcalá fue de nuevo condenado a muerte tras un juicio con jurado de dos días. En respuesta a su apelación, el Tribunal de Apelación del 9º Circuito anula el veredicto. Esta vez porque no se permitió que un testigo apoyara la afirmación de Alcalá sobre el guarda del parque que había encontrado el cuerpo de su última víctima, Samsoe. En opinión de Alcalá, este guarda del parque había sido "hipnotizado por los agentes de policía".

Mientras está detenido, Alcalá escribe y publica un libro, Usted, el jurado (1994), en el que afirma su inocencia en el caso Samsoe y propone otro sospechoso. También escribe sobre su experiencia con Monique Hoyt, ella le dice al jurado (en el momento del tercer juicio en 2010) que no solo le arruinó la vida, sino que contó historias escandalosas sobre ella en su libro.

Mientras está detenido, Alcalá presenta dos demandas contra el sistema penitenciario de California, por un incidente de resbalón y caída y por negarse a darle una dieta baja en grasas.

La tercera demanda

En 2009, llega la tercera demanda. Los fiscales proponen combinar el "caso Samsoe" con las cuatro víctimas recién descubiertas que pueden atribuirse a Alcalá como resultado de los análisis de ADN. La defensa protesta por ello; como explica uno de ellos, "si eres un jurado y oyes un caso de asesinato, probablemente puedas tener dudas razonables. Pero es muy difícil decir que tienes dudas razonables sobre los cinco, especialmente cuando cuatro de los cinco no son alegados por testigos oculares sino probados por el ADN". En 2006, el Tribunal Supremo de California falló a favor de la acusación, y en febrero de 2010, Alcalá fue juzgado por los cinco cargos unidos.

Para este tercer juicio, Alcalá elige actuar como su propio abogado. Durante cinco horas, hace de interrogador y de testigo, haciéndose preguntas a sí mismo y respondiéndolas después. Durante este extraño auto-interrogatorio, dice a los miembros del jurado que estaba solicitando un trabajo como fotógrafo en Knott's Berry Farm cuando Samsoe fue secuestrado. Muestra al jurado parte de su aparición en 1978 en The Dating Game en un intento de demostrar que los pendientes de su armario de Seattle son suyos, no de Samsoe. Alcalá no hace ningún intento significativo de rebatir los cuatro cargos añadidos, excepto afirmando que no recuerda haber matado a ninguna de las mujeres. Como parte de su alegato final, interpreta la canción de Arlo Guthrie "Alice's Restaurant", en la que el protagonista le dice a un psiquiatra que quiere matar. Tras menos de dos días de deliberación, el jurado le declara culpable de asesinato en primer grado.

Un testigo sorpresa durante la fase penal del proceso es Tali Shapiro, la primera víctima conocida de Alcalá. Alcalá no la interroga, pero sí se disculpa por su "despreciable comportamiento". Shapiro no cree en su disculpa, que llega 40 años después de los hechos. El psiquiatra Richard Rappaport, testigo de la defensa, declara que el trastorno límite de la personalidad de Alcalá puede haber hecho que no recuerde haber cometido los asesinatos, ya que el trastorno puede ir acompañado de episodios psicóticos.

El fiscal, en cambio, sostiene que Alcalá es un "depredador sexual" que "sabía que lo que hacía estaba mal y no le importaba". En marzo de 2010, Alcalá es condenado a muerte por tercera vez. La sentencia de muerte se llevará a cabo mediante una inyección letal. Permanece en la prisión estatal de Corcoran, en California, a la espera de una nueva apelación de sus sentencias de muerte.

Las fotografías del asesinato

Cuando Alcalá fue detenido en 1979, la policía tuvo en su poder más de dos mil fotografías que había tomado en los años anteriores. Las fotografías muestran, en particular, a mujeres y niños desnudos. Debido a razones legales, las fotos no pueden ser compartidas con el público hasta marzo de 2010. Debido a la naturaleza explícita de las fotos, sólo se comparten 120 con el objetivo de determinar si hay más víctimas entre las personas que fotografió. En las primeras semanas tras la distribución, la policía informa de que 21 mujeres se han presentado para identificarse. Al menos seis familias dicen reconocer a seres queridos que desaparecieron hace años y nunca fueron encontrados. Sin embargo, sin un cuerpo, no se puede probar que Alcalá matara a esos seres queridos. En 2013, un familiar reconoció la foto de Christine Thornton, de 28 años en el momento de su desaparición, cuyo cuerpo fue encontrado en Wyoming en 1982.A partir de septiembre de 2016, 110 de las fotos originales han sido publicadas permanentemente en Internet y la policía sigue buscando la ayuda del público para hacer posibles más identificaciones.

La investigación posterior y la condena de Rodney Alcalá

Estado de Nueva York

Tras su condena en 2010, las autoridades de Nueva York anunciaron que dejaban de perseguir a Alcalá debido a su condición de convicto en espera de ejecución. No obstante, en enero de 2011, un Gran Jurado de Manhattan le acusa de los asesinatos de Cornelia Crilley, la azafata de TWA, y de Ellen Hover, la heredera de Ciro, en 1971 y 1977, respectivamente. En junio de 2012, es extraditado a Nueva York, donde inicialmente se declara inocente en ambos casos. En diciembre de 2012, cambia ambas declaraciones a "culpable". El 7 de enero de 2013, un juez de Manhattan condena a Alcalá a otros 25 años a cadena perpetua. La pena de muerte no es una opción en el estado de Nueva York desde 2007.

Estado de Washington

En 2010, la policía señaló a Alcalá como "Persona de Interés" (término utilizado por las fuerzas del orden estadounidenses para identificar a alguien implicado en una investigación criminal que no ha sido detenido ni acusado formalmente de un delito) en los asesinatos sin resolver de Antoinette Wittaker, de 13 años, en julio de 1977, y de Joyce Gaunt, de 17, en febrero de 1978.

San Francisco

En marzo de 2011, los detectives del condado de Marin (California) anunciaron su creencia de que Alcalá era responsable del asesinato de Pamela Jean Lambson, de 19 años, que desapareció tras un viaje a Fisherman's Wharf para reunirse con un hombre que le había ofrecido fotografiarla. Su cuerpo fue encontrado posteriormente en el condado de Marin, cerca de una ruta de senderismo. Sin huellas dactilares ni ADN utilizable, es improbable que se presenten cargos, pero la policía afirma que hay suficientes pruebas para convencerse de que Alcalá cometió el crimen.

Cargos penales en Wyoming

En septiembre de 2016, Alcalá fue acusado del asesinato de Christine Ruth Thornton, de 28 años, desaparecida en 1977. En 2013, un familiar la reconoció en una foto tomada por Alcalá que se hizo pública. Su cuerpo fue encontrado en el condado de Sweetwater, Wyoming, en 1982, pero no es identificado hasta 2015, cuando el ADN proporcionado por la familia de Thornton coincidió con muestras de tejido de sus restos. En el momento de la muerte, esta mujer estaba embarazada de aproximadamente seis meses. Alcalá admite haber tomado la foto, pero no admite haber matado a la mujer. Alcala, que ahora tiene 73 años, está "demasiado enfermo" para hacer el viaje de California a Wyoming para ser juzgado por los nuevos cargos. Permanece en la prisión estatal de Corcoran, en California, a la espera de nuevos recursos contra sus condenas a muerte.

El perfil de un sociópata

Cuando Alcalá tiene 21 años, se le diagnostica un "trastorno antisocial de la personalidad". Este trastorno de la personalidad se da en el 0,2 al 3,3% de la población holandesa; se caracteriza por un patrón de desprecio o violación de los derechos de los demás y por un comportamiento impulsivo y antisocial. Suele haber una falta de conciencia y un historial de comportamiento delictivo, agresivo y/o impulsivo y problemas legales.

En el caso de Alcalá, los primeros problemas no se manifiestan hasta los 18 ó 19 años; sufre crisis nerviosas mientras trabaja como oficinista en el ejército estadounidense. A pesar de su trastorno de personalidad, consigue completar sus primeros estudios universitarios sin perder tiempo. Sólo al terminar estos estudios, a la edad de 25 años, comete su primer crimen violento oficial, violando a una niña de 8 años e intentando matarla. Escapa de la policía y sigue viviendo como si nada hubiera pasado, adoptando otro nombre y no asumiendo la responsabilidad de sus actos.

Consigue terminar con éxito una segunda carrera universitaria sin problemas. Conserva un trabajo como consejero de arte y teatro en un campamento de verano durante tres años. Tras completar su segundo estudio, Alcalá se equivoca ese mismo mes al ceder a sus impulsos internos; viola y estrangula a una mujer de 23 años. A partir de entonces, la historia de la vida de Alcalá muestra un patrón de ataques sexualmente violentos contra mujeres y chicas muy jóvenes.

En el juicio, los fiscales informan de que el método de asesinato de Alcalá consistía en asfixiar a sus víctimas con sus propias manos hasta que quedaban inconscientes, y luego dejar que recuperaran la conciencia antes de repetir el proceso. El hecho de que utilice sus manos para estrangular a la víctima indica que no siente compasión por ella y que al mismo tiempo disfruta del poder que tiene sobre ella.

Un hombre inteligente como Alcalá podría haberse salido con la suya de forma mucho más fácil y segura utilizando un arma homicida diferente que tuviera un efecto más rápido, pero no quiso hacerlo. "Le excita infligir dolor a otras personas", dijo el fiscal Matt Murphy. Durante el juicio, Alcalá representó una obra de teatro en la que se interrogaba a sí mismo y respondía con voz más pesada. Algo que muestra poco respeto por las víctimas y sus familiares.

Infligir intencionadamente daño (físico) a otros es algo que Alcalá no puede dejar de hacer. Es un camino que sigue recorriendo, a pesar de varias condenas de prisión y de los programas de superación personal en los que participó. Esto califica a Alcalá como sociópata; el psiquiatra militar que le diagnosticó "trastorno antisocial de la personalidad" en 1964 estaba en lo cierto.

2. Ted Bundy

Años de actividad: 1961-1978
País: Estados Unidos
Asesinatos cometidos: 36 confirmados, más de 100 estimados
Castigo: Pena de muerte por electrocución

Ted Bundy, nacido en Estados Unidos como Theodore Robert Cowell en Burlington, Vermont, el 24 de noviembre de 1946 y fallecido en la prisión estatal de Florida, en el condado de Bradford, el 24 de enero de 1989), fue uno de los asesinos en serie estadounidenses más famosos.

En 1979, tras un largo periplo por Estados Unidos en el que dejó un rastro de numerosos asesinatos, fue finalmente condenado a muerte por un tribunal del estado de Florida por el asesinato de dos estudiantes universitarios en Tallahassee y de nuevo en 1980 por el asesinato de una niña de 12 años. Para entonces ya había sido condenado a prisión por el secuestro de una adolescente en Utah y seguía siendo procesado por el asesinato de una enfermera en Colorado. Durante su encarcelamiento, consiguió fugarse en dos ocasiones.

También fue sospechoso en más de treinta casos de asesinato en al menos cinco estados norteamericanos. Eran característicos su movilidad y su astuto modus operandi, en el que fingía estar necesitado de ayuda o se hacía pasar por policía o bombero. A menudo se acercaba a sus víctimas en público y les pedía ayuda. Una vez en su coche (normalmente un Volkswagen Beetle), las dejaba inconscientes, las esposaba y se las llevaba. Para transportar a sus víctimas, a menudo quitaba el asiento del pasajero de su coche. Bundy solía matar a sus víctimas en un lugar remoto preseleccionado. De algunas víctimas sólo se recuperaron cráneos, que presentaban lesiones causadas por un objeto contundente (normalmente una llave de cruz o una palanca).

Cuando las víctimas fueron encontradas más rápidamente, los cuerpos mostraban signos de estrangulamiento y violación, además de las lesiones en el cráneo. Sólo hay unos pocos casos en los que la víctima sobrevivió: bien porque opuso inmediatamente una fuerte resistencia, lo que le permitió escapar, o porque Bundy fue molestado durante el intento de asesinato, lo que le obligó a huir.

Justo antes de su ejecución, confesó más de 30 asesinatos. Sin embargo, se calcula que mató a más de 100 mujeres. Su abogada, Polly Nelson, lo llamó en su libro Defendiendo al diablo: Mi historia como último abogado de Ted Bundy, publicado en 1994, "la definición misma de la maldad sin corazón".

La juventud de Ted Bundy

Ted Bundy nació como Theodore Robert Cowell, hijo ilegítimo de Eleanor Louise Cowell (1924-2012), el 24 de noviembre de 1946, en el Elizabeth Lund Home for Unwed Mothers, un hogar para madres solteras en Burlington, Vermont. Aunque en el certificado de nacimiento figuraba como padre un tal Lloyd Marshall, su madre afirmaba haber sido seducida por un marinero llamado Jack Worthington. (Sin embargo, no se encuentra ningún Jack Worthington en los archivos navales y de la marina mercante). La familia de Eleanor dio poco crédito a esa historia y hubo rumores de que el padre de Eleanor, Sam, era el padre. Hay pruebas de que Eleanor dejó a su hijo a su aire por primera vez después del nacimiento y volvió con sus padres.

Con el tiempo, Ted vino a vivir con Eleanor y sus padres en Filadelfia. Para evitar que se refirieran a Eleanor como una madre soltera, sus padres le dijeron a Ted que era su hijo y que Eleanor era su hermana mayor. Sam Cowell era un hombre tirano que maltrataba a su mujer, a su hija y a los animales y tenía opiniones racistas. Una vez tuvo una enorme rabieta cuando se discutió quién era realmente el padre de Ted. Su esposa era una mujer tímida y obediente que sufría de depresión y era tratada regularmente con electroshock. Más tarde desarrolló agorafobia.

De niño, Ted ya mostraba un comportamiento anormal: su tía Julia se despertó una vez después de una siesta rodeada de cuchillos de cocina con las hojas apuntando en su dirección. Ted se puso al lado de su cama y se rió.

En 1950, Eleanor (que a partir de entonces se dejó llamar Louise) se fue con Ted a Tacoma, a vivir con unos parientes. Conoció a través de la iglesia a Johnnie Culpepper Bundy (1921-2007), que trabajaba como cocinero en un hospital. Se casó con él en 1951. Johnnie adoptó oficialmente a Ted y juntos la pareja tuvo cuatro hijos más. Ted actuaba regularmente como canguro de sus hermanastros.

Aunque Johnnie Bundy intentó crear un vínculo emocional con su hijastro Ted se mantuvo distante. Ted se sentía como un Cowell y siempre había tenido mucho cariño a su abuelo de Filadelfia. Ted miraba con desprecio a Johnnie, que a sus ojos ganaba muy poco y no era muy brillante. Johnnie tenía poco control sobre Ted y a veces tenía que imponer su autoridad utilizando la fuerza.

Ted tenía una temprana necesidad de posesiones. Cuando compraba ropa, arrastraba invariablemente a su madre a las marcas más caras. Comenzó a robar y demostró ser extremadamente astuto en ello.

Los recuerdos de Bundy sobre su infancia en Tacoma no son inequívocos. Contó diferentes historias a sus biógrafos Stephen Michaud y Hugh Aynesworth, así como a su abogada Polly Nelson. A Michaud y

Aynesworth les contó que buscaba en el barrio imágenes de mujeres desnudas en los cubos de basura. A Nelson le contaron que buscaba historias de detectives y de crímenes reales en busca de historias que implicaran violencia sexual, preferentemente con imágenes de cadáveres y mutilados, aunque más tarde negó haber leído revistas de crímenes reales en una carta a Ann Rule. Le dijo a Michaud que bebía grandes cantidades de alcohol y que luego deambulaba por las calles de noche para asomarse a las casas y ver a las mujeres desnudas. Fue detenido varias veces por la policía bajo la sospecha de robo y hurto.

No se sabe con certeza cómo se enteró Bundy de que era ilegítimo porque hay varias historias al respecto. Bundy le dijo a su novia que un primo le había llamado "bastardo" y ese primo supuestamente le mostró su certificado de nacimiento. Michaud y Aynesworth afirmaron que él mismo encontró la partida de nacimiento cuando hojeaba los papeles de su madre. Ann Rule sostuvo que Bundy fue a su ciudad natal de Burlington en 1969 y buscó su certificado en el registro de nacimiento.

Bundy demostró ser un buen estudiante en la escuela. Aunque más tarde afirmó tener dificultades con las amistades, sus antiguos compañeros de clase lo describieron como un chico popular. Fuera de la escuela, le gustaba mantenerse ocupado esquiando. Como no tenía dinero para el equipo de esquí adecuado, robaba esquís y también falsificaba pases de esquí para entrar en las estaciones de esquí. Cuando cumplió los dieciocho años, sus antecedentes juveniles caducaron, lo que es habitual en muchos estados norteamericanos.

Becas, estudios y relaciones

En 1965, abandonó el instituto y se marchó con una beca a la Universidad de Puget Sound, en Tacoma (Washington), para estudiar chino. Después de un año, se trasladó a la Universidad de Washington. Allí conoció a una estudiante llamada Stephanie Brooks (seudónimo). Era hermosa, tenía un precioso pelo largo con raya en medio, procedía de una familia adinerada y encarnaba todo lo que él buscaba en una mujer. Se enamoró de ella como de un tronco. En 1966 interrumpió sus estudios de chino y luego tuvo varios trabajos mal pagados.

Aunque a Brooks le gustaba y mantuvo una relación con él durante un tiempo, se dio cuenta de que a veces mentía, algo que no le gustaba.

También creía que él no era apto para el matrimonio, ya que ella era ambiciosa y se fijaba metas, mientras que él había abandonado la universidad, no hacía planes para el futuro y, por lo demás, le parecía inmaduro. Terminó su relación al cabo de un año y regresó a su California natal. Esto tuvo un efecto devastador en Ted, que estaba completamente desilusionado. A pesar de ello, fue voluntario en la oficina de coordinación de la campaña republicana de Nelson Rockefeller en el estado de Washington y asistió a la convención republicana de Miami en agosto de 1968.

Viajó a Colorado, Arkansas y Pensilvania para visitar a su familia. En Filadelfia, asistió a la Universidad de Temple durante varios meses. Según la escritora Ann Rule, durante este tiempo también fue a Burlington, Vermont. Allí buscó en los registros municipales su partida de nacimiento y descubrió que era un hijo ilegítimo.

Una vez de vuelta en Seattle, conoció a Elizabeth (Liz) Kendall (seudónimo), hija de un dentista divorciado de Ogden, Utah, en 1969. Para mantenerse a sí misma y a su hija, trabajaba como secretaria en la facultad de medicina de la Universidad de Washington. Su relación se desarrolló con total normalidad al principio, aunque ella notó que él no siempre le era fiel. Ella le quería y esperaba que perdiera su pelo salvaje. También le ayudaba económicamente. Aunque la relación con Kendall continuaba, Stephanie Brooks seguía en sus pensamientos. Se mantuvo en contacto con ella a través de cartas a pesar de la ruptura, pero ella parecía no estar dispuesta a renovar la relación.

Bundy empezó a estudiar de nuevo en 1970 y esta vez eligió psicología. Le fue bien y fue muy querido por sus profesores. En 1971, como parte de sus estudios, trabajó durante un tiempo por dos dólares la hora en una línea telefónica de ayuda, donde conoció a la ex policía y escritora en ciernes Ann Rule. Rule y Bundy se emparejaron para trabajar, ya que siempre lo hacían por parejas. Se hicieron buenas amigas. Acompañaban a las personas con problemas mentales y les ofrecían un oído atento. Cuando la gente amenazaba con quitarse la vida, uno mantenía a la persona en la línea mientras el otro llamaba a la policía para que investigara. De este modo, salvaron varias vidas, lo cual es notable a la luz de las acciones posteriores de Bundy. Durante sus turnos, hablaban mucho entre ellos y Bundy hablaba de ser un ilegal.

Rule lo encontró comprensivo y notó que se preocupaba por su seguridad. Además, le dio buenos consejos cuando se enteró de que se estaba divorciando. A petición de él, ella se dedicó a leer revistas de crímenes reales. Cuando se enteró de su relación con Kendall y de su obsesión por Brooks, le aconsejó que no abandonara a Kendall. Rule escribió más tarde una biografía de Bundy titulada The Stranger Beside Me

Tras licenciarse en 1972 y obtener un título de psicólogo, recibió un estipendio para trabajar en el Hospital Harborview como consejero con pacientes psiquiátricos. Un colega con el que Bundy también mantuvo una breve relación se dio cuenta de que en sus contactos con los pacientes se dedicaba más a dar órdenes que a ser realmente una caja de resonancia, era superficial y los acosaba.

Mientras tanto, volvió a participar en la política, trabajando para la campaña de reelección del gobernador republicano Dan Evans. Coqueteó con las numerosas mujeres que conoció en los mítines y destacó además por su excelente capacidad de contacto.

Acudió a los discursos del oponente demócrata de Evans, Albert Rossellini, y los grabó con una grabadora de casete para que pudieran ser analizados por el equipo de Evans. Cuando esto se conoció se produjo un pequeño escándalo ya que Bundy se había hecho pasar por un estudiante. Después de que Evans fuera reelegido, Bundy fue nombrado por Ross Davis, presidente del partido republicano en Washington, miembro del Comité Asesor para la Prevención del Crimen. Escribió artículos para el boletín, asistió a reuniones y realizó investigaciones sobre la delincuencia de cuello blanco y la prevención de violaciones.

Luego, por recomendación de sus amigos republicanos, consiguió un trabajo en la Oficina de Planificación de la Ley y la Justicia del Condado de King. Allí se dedicó a investigar la reincidencia de los delincuentes. Durante esta investigación, descubrió lo mal que trabajaban las distintas jurisdicciones y departamentos de policía y también vio que muchos delitos no llegaban a juicio. Tanto Evans como Davis escribieron elogios para Bundy cuando éste solicitó el ingreso en la Universidad de Puget Sound (UPS) y en la Universidad de Utah para estudiar derecho. Sin embargo, Marlin Vortman, un amigo republicano de Bundy, le aconsejó que estudiara derecho principalmente en Washington porque le pondría en contacto con abogados locales y también sería importante para sus ambiciones políticas. Fue aceptado en la UPS y comenzó sus estudios en 1973.

Como tenía una obsesión con Brooks, intentó conquistarla de nuevo y la visitó en 1973. Ella se sintió abrumada por la enorme transformación que él había experimentado: era impulsivo, había estudiado psicología y había empezado a estudiar derecho. Su relación volvió a florecer y, al mismo tiempo, él mantuvo su relación con Kendall. Ninguna de las dos mujeres sabía de la existencia de la otra. Mientras tanto, los estudios de derecho resultaron muy decepcionantes para Bundy y aparecía menos en la universidad. Brooks voló a Seattle varias veces para visitar a Bundy, y en un mitin político le presentó a Ross Davis como su prometida. Cuando Kendall fue a visitar a sus padres en Utah con su hija en Navidad, Brooks volvió a quedarse con él en Seattle. En ese momento, Bundy se alojaba en casa de Marlin Vortman, que estaba de vacaciones en Hawai con su esposa. A estas alturas ya se hablaba de matrimonio.

A principios de 1974, dejó de llamar de repente. Cuando Brooks consiguió ponerse en contacto con él después de varias semanas, le preguntó enfadada qué estaba haciendo. Bundy dijo que no sabía de qué estaba hablando, rompió la conexión y Brooks no volvió a saber de él. Más tarde, Bundy diría sobre este giro de los acontecimientos que quería probarse a sí mismo que realmente podría haberse casado con ella. Sin embargo, Brooks llegó a la conclusión, en retrospectiva, de que Bundy debía haber planeado la reanudación de la relación con ella y la ruptura para vengarse de ella por haberle dejado años antes. Poco después, Bundy abandonó la universidad.

Los primeros asesinatos de Ted Bundy

Se desconoce cuándo exactamente Bundy se convirtió en un asesino. Estuvo activo como mirón durante muchos años y se sospecha que hizo su primera víctima ya en 1961. En varias entrevistas afirmó haber matado en 1969, 1972 y 1973. Los primeros asesinatos que finalmente se le pudieron atribuir de forma concreta fueron cometidos en 1974.

A principios de enero de 1974, la estudiante de Seattle Joni Lenz (seudónimo) fue atacada mientras dormía, golpeada gravemente y dada por muerta. Sobrevivió al ataque pero estuvo en coma durante un tiempo y acabó sufriendo daños cerebrales. A partir de febrero de 1974, empezaron a desaparecer mujeres jóvenes en el estado de Washington, aproximadamente una por mes. El 1 de febrero, Lynda Healy parece haber sido secuestrada de su dormitorio en Seattle por la noche. Había una mancha de sangre en su ropa de cama y su camisón estaba colgado en su armario manchado de sangre. Como su ropa tampoco estaba, la policía pensó inicialmente que había sangrado por la nariz y se fue a buscar ayuda. Sin embargo, cuando se descubrió que se había dejado una puerta exterior sin cerrar, la policía sospechó que había sido secuestrada.

En Olympia, el 12 de marzo, Donna Manson tenía que asistir a un concierto de jazz en el campus del Evergreen State College, pero no llegó. Susan Rancourt, estudiante del Central Washington State College de Ellensburg, tenía previsto ver una película alemana con una amiga el 17 de abril. Sin embargo, no se presentó. En Corvallis, Oregón, Kathy Parks desapareció el 6 de mayo sin dejar rastro en la Universidad Estatal de Oregón. Al principio, la policía tenía pocas pistas y las pruebas concretas eran escasas. Sin embargo, había sorprendentes similitudes: las mujeres desaparecidas eran estudiantes universitarias, las desapariciones solían producirse por la noche en los terrenos de la universidad y una característica notable era que las mujeres llevaban el pelo con raya en medio. A pesar de la falta de buenas pistas, hubo informes de estudiantes femeninas a las que se les había acercado un hombre con el brazo en cabestrillo o caminando con muletas y la pierna escayolada. Les pidió que le ayudaran a llevar unos libros a su coche (un Volkswagen Escarabajo). Una de las estudiantes dijo que el hombre tenía una mirada extraña que la asustó.

En junio, volvió a haber personas desaparecidas: Brenda Ball fue vista por última vez el 1 de junio en un bar de Burien, donde estaba en el aparcamiento hablando con un hombre que llevaba un cabestrillo. Georgann Hawkins se dirigió a su habitación en el campus de la Universidad de Washington alrededor de la 1 de la madrugada del 11 de junio tras una fiesta de la fraternidad y desapareció sin dejar rastro.

Las desapariciones provocaron un tremendo malestar y pánico. El número de autoestopistas disminuyó notablemente y las mujeres tomaron más precauciones. Por ejemplo, no salían solas a la calle por la noche. Muchas mujeres se cambiaron el peinado para no coincidir con la descripción de las desaparecidas.

Bundy trabajó en el Departamento de Servicios de Emergencia (DES) de Washington durante este periodo. Irónicamente, esta organización participó en la búsqueda de las mujeres desaparecidas. También trabajaba allí Carole Ann Boone, con quien salía regularmente y que desempeñaría un papel importante más adelante en su vida.

El domingo 14 de julio de 1974, hacía mucho calor y muchas personas visitaban ese día el Parque Estatal del Lago Sammamish, una zona de recreo cerca de Issaquah. A una joven se le acercó un hombre con el brazo en cabestrillo. Le pidió ayuda para descargar un velero. La mujer le acompañó pero, una vez en su coche, comprobó que el velero había desaparecido. Entonces dijo que estaba en casa de sus padres "más arriba de una colina". La mujer le indicó que sus amigos la estaban esperando por lo que no tenía tiempo. Él respondió muy amablemente e incluso se disculpó por no haberle dicho que el barco no estaba en su coche. Janice Ott acababa de empezar a tomar el sol cuando se le acercó el mismo hombre pidiendo ayuda para descargar su velero. Hablaron un rato y cuando ella se presentó usando el nombre de Jan, él respondió diciendo que se llamaba Ted. Cuando le dijo que el velero estaba en casa de sus padres en Issaquah, ella respondió espontáneamente diciendo que ella misma vivía allí. Recogió sus cosas y se fue con él. No se volvió a ver a Ott con vida. Unas horas más tarde, Denise Naslund, que estaba en el parque con un grupo de amigos, desapareció sin dejar rastro después de ir al baño. Cuando no volvió con sus amigos, ellos mismos buscaron en el parque durante horas. Luego alertaron a la policía.

Las desapariciones en el lago Sammamish recibieron la atención de los medios de comunicación y la policía recibió por primera vez información muy útil de los testigos. Varias mujeres parecían haber sido abordadas por él. Describieron a un hombre apuesto, vestido de blanco, con el pelo oscuro y el brazo en cabestrillo. Un testigo describió su acento como canadiense o británico y otro testigo había oído que se había presentado a Janice Ott como "Ted". Además, un testigo informó de que el hombre tenía un Volkswagen Escarabajo.

Cuando esta información se hizo pública e incluso se mostró un retrato robot, llegaron 200 pistas al día. Una de esas pistas implicaba a un tal Ted Bundy. Liz Kendall, Ann Rule, un profesor de la universidad donde Bundy había estudiado y un colega del DES habían pasado el nombre de Bundy. Kendall incluso proporcionó fotos de él a la policía. Cuando la policía investigó a Bundy, nada indicaba que fuera el "Ted" buscado: un estudiante de derecho sin antecedentes penales (adultos) no era considerado sospechoso y la policía se centró en otras personas más obvias.

En su trabajo en el DES, Bundy se enfrentó a las burlas de sus compañeros, que le dijeron que se parecía mucho al retrato robot. Sin embargo, nadie sospechó nada más.

A principios de agosto, Carol Valenzuela fue vista por última vez en una oficina de asistencia social en Vancouver, Washington.

El oficial Robert Keppel estuvo en Seattle a cargo de la investigación de los asesinatos. Se ocuparía de los "asesinatos de Ted" durante años y escribió dos libros sobre ellos. La investigación se complicó por el hecho de que las desapariciones en Washington habían tenido lugar en diferentes áreas legales, por lo que múltiples fuerzas policiales participaron en la investigación. Aunque al principio Keppel se mostró escéptico sobre la posibilidad de que un único autor fuera el responsable de las desapariciones, él y sus colegas trazaron cuidadosamente todas las desapariciones. Las similitudes entre los casos eran inconfundibles, por lo que no se escatimaron esfuerzos para encontrar al hombre.

En parte a instancias de Liz Kendall, Bundy se trasladó a Utah en agosto de 1974 para continuar sus estudios de Derecho en la Universidad de Salt Lake City. Como ella era de ese estado y gran parte de su familia vivía allí, esperaba acabar viviendo con Bundy en Utah. Le dejó marchar con un suspiro de alivio, ya que sabía que no le había sido fiel y temía, con razón, que volviera a establecer relaciones con mujeres en Utah.

A principios de septiembre de 1974, dos cazadores que se encontraban a varios kilómetros del Parque Estatal del Lago Sammamish encontraron un cráneo y otros huesos, como una caja torácica. El examen forense reveló que los restos pertenecían a Ott y Naslund. También se encontró una vértebra que indicaba una tercera víctima. Sólo años después Bundy nos diría que esa víctima era Georgann Hawkins.

La salida de Bundy puso fin a los asesinatos en Washington. En Utah, sin embargo, pronto se denunció la desaparición de mujeres. Por ejemplo, Nancy Wilcox desapareció sucesivamente el 2 de octubre en Holladay,

Melissa Smith (la hija del jefe de policía de Midvale, Louis Smith) el 18 de octubre y Laura Aime el 31 de octubre en Lehi. El cuerpo de Wilcox nunca se encontró. Smith fue encontrado después de nueve días y Aime después de casi un mes. La investigación reveló que Smith había sido mantenido con vida hasta siete días después de su desaparición. Ambos cuerpos presentaban signos de fuerza bruta con un objeto contundente, violación y también había rastros de estrangulamiento. Se encontró maquillaje en la cara de Smith que nunca utilizó y el pelo de Aime parecía haber sido lavado.

El 8 de noviembre, Carol DaRonch fue abordada en el centro comercial Fashion Place de Murray por un hombre bien vestido y con bigote que se presentó como el agente Roseland. Le pidió el número de matrícula de su coche y le dijo que alguien había intentado forzar su coche. Ella le acompañó pero en su coche todo estaba bien. Roseland le preguntó si quería ir con él a la comisaría para una acusación oficial porque su colega había detenido a un sospechoso. DaRonch le pidió entonces los papeles de identificación, a lo que el hombre le mostró una placa dorada en un instante. Subió al coche con él, un Volkswagen Escarabajo. Aunque le pareció extraño que no condujera un coche de policía, pensó que podría estar encubierto o fuera de servicio. Pronto se dio cuenta de que no conducía en dirección a la comisaría y lo comentó.

De repente, se detuvo, la agarró del brazo y le puso una esposas en la muñeca. Presa del pánico, ella se defendió y en el forcejeo el segundo eslabón de la esposas se atascó en la misma muñeca. Antes de que él pudiera romperle el cráneo con una palanca, ella consiguió abrir la puerta del coche y se dejó caer fuera de él.

Ella salió corriendo totalmente alterada, momento en el que el Escarabajo se alejó inmediatamente. DaRonch paró un coche y los ocupantes la llevaron a la policía. El agente Roseland, obviamente, no era conocido por la policía. DaRonch dio descripciones claras y su información resultó muy valiosa. Se encontró una mancha de sangre en su ropa. La propia DaRonch tenía el tipo de sangre A positivo, pero la sangre de su ropa resultó ser del tipo O. Más tarde, se descubrió que Bundy tenía el mismo tipo de sangre.

Sin embargo, Bundy seguía buscando una víctima después del fallido intento de secuestro de DaRonch. Más tarde esa noche, llegó a una escuela secundaria en Bountiful. Allí se celebraba un espectáculo y trató de atraer a varias alumnas y a un profesor, probablemente también bajo la apariencia de ser un agente de policía. Todas se negaron.

Debby Kent estaba con sus padres en la función que se retrasó un poco. Salió del colegio para coger el coche y recoger a su hermano en la pista de patinaje. Desapareció del aparcamiento pero el coche seguía en el lugar. Cuando la policía alertada investigó el lugar encontró una llave de un juego de esposas. Esa llave parecía encajar con las esposas que DaRonch había estado usando. Un testigo declaró haber visto un Beetle alejarse del aparcamiento a gran velocidad. Varios testigos informaron de que habían oído a alguien gritar en el aparcamiento.

Cuando Liz Kendall leyó los sucesos de Utah, decidió informar a la policía de Salt Lake City sobre su amigo. Para entonces, por cierto, Bundy ya estaba en el radar de las autoridades de Seattle.

Por ejemplo, las investigaciones habían revelado que él había tomado las mismas clases en la universidad que Lynda Healy y también que ambos habían estado en la misma tienda poco después el uno del otro, lo que llevó a la conclusión de que podría haber estado siguiéndola antes de atacar. El nombre de Bundy también había aparecido en otro caso de personas desaparecidas: Bundy había visitado a un amigo en el campus donde había desaparecido Susan Rancourt.

Esa visita resultó ser una semana antes de su desaparición, y más tarde se descubrió que un estudiante se había encontrado con un hombre por la misma época que necesitaba su ayuda para llevar unos libros a su coche. Se le investigó más a fondo.

En 1975, Bundy trasladó su ámbito de actuación a Colorado e Idaho. El 12 de enero, Caryn Campbell, una enfermera de Michigan, estaba de vacaciones de esquí en Aspen cuando desapareció. Su cuerpo fue encontrado un mes después. Tenía el cráneo destrozado y se sospechaba que había sido violada. El 15 de marzo dio un golpe en Vail, donde secuestró a Julie Cunningham, instructora de esquí.

Menos de un mes después, Denise Oliverson, de Grand Junction, fue a visitar a sus padres en bicicleta tras una discusión con su marido, pero nunca llegó. Su bicicleta y sus sandalias fueron encontradas más tarde bajo un paso elevado. El 6 de mayo, Lynette Culver fue secuestrada en

Pocatello, Idaho, cerca de su escuela. Susan Curtis desapareció de una conferencia en Provo el 28 de junio. Los cuerpos de Cunningham, Oliverson, Culver y Curtis nunca se recuperaron.

En Washington, sin embargo, la policía seguía ocupada investigando las desapariciones. En marzo de 1975, se encontraron varios cráneos en la montaña Taylor, cerca de Seattle. Tras examinarlos, se pudo determinar su identidad: eran los desaparecidos Healy, Rancourt, Ball y Parks. En los cráneos había huellas visibles de fuerza bruta. La investigación estableció que los cráneos debían haber sido dejados allí más o menos al mismo tiempo. Al parecer, el asesino había guardado los cráneos en algún lugar.

Como la policía de Washington quería organizar la enorme cantidad de pistas e información, Keppel sugirió utilizar un ordenador. El ordenador disponible (comparado con el actual, un enorme aparato con cintas magnéticas) se utilizaba normalmente para las nóminas. Se compilaron listas de personas sospechosas en varias categorías. Por ejemplo, había listas de nombres de conocidos de las víctimas, personas llamadas "Ted", propietarios de Volkswagen Beetles, delincuentes sexuales y un sinfín de datos más.

Al pasar todas esas listas por el ordenador y hacer que se busquen similitudes, el número de sospechosos se redujo de 3.000 a 200 y luego a 25. Se comprobó qué individuos aparecían en más de una lista. Ted Bundy aparecía en cuatro listas, por lo que sería cuestión de tiempo que la policía se centrara en él. Poco después, llegaron noticias de Utah: Bundy parecía haber sido arrestado.

Detención, juicio y fugas

El 16 de agosto de 1975, un agente vio un Volkswagen Escarabajo aparcado en el arcén en un suburbio de Salt Lake City sobre las 2:30 de la madrugada. Cuando quiso hablar con el conductor, éste se dio a la fuga con las luces apagadas. Tras una breve persecución, el Beetle se detuvo finalmente en una gasolinera. El agente pidió al conductor su carné de conducir. Resultó estar a nombre de Theodore Robert Bundy.

Cuando se le preguntó por qué había huido, Bundy respondió que fumaba marihuana y que tenía miedo de ser detenido. El agente le preguntó qué hacía en la calle tan tarde, a lo que Bundy le dijo que había ido al cine y había visto The Towering Inferno. El agente sospechó porque sabía que allí sólo se proyectaban películas del oeste y pidió permiso para registrar el Beetle. Se dio cuenta de que al Escarabajo de Bundy le faltaba el asiento del copiloto. En el coche encontró bolsas de plástico, una cuerda, una palanca, un punzón, guantes, esposas y una máscara hecha con medias de nylon con mirillas. Durante el interrogatorio, Bundy explicó tranquilamente que había utilizado la máscara mientras esquiaba, que las esposas las había encontrado en un contenedor de basura y que el resto eran "simples objetos domésticos".

Sin embargo, el agente creyó que se trataba de herramientas de robo. Detuvo a Bundy como sospechoso de huir de la policía y de poseer herramientas de robo. Fue llevado a la comisaría, fotografiado y registrado. A continuación se le permitió salir con la condición de que se mantuviera disponible para nuevos interrogatorios. Al día siguiente, un detective se hizo cargo de la investigación. Relacionó el Escarabajo y las esposas encontradas con el secuestro fallido de DaRonch.

El nombre de Bundy le resultaba familiar, ya que ese nombre aparecía en un informe de Washington. Bundy fue arrestado formalmente unos días más tarde bajo la sospecha de poseer herramientas de robo e intentar huir de la policía. Se le interrogó exhaustivamente. Se comportó con mucha calma y pareció encontrar toda la situación bastante divertida. Cuando se le presentó un documento en el que se solicitaba permiso para registrar su domicilio, lo firmó de inmediato. A continuación se le permitió salir de la oficina.

A DaRonch se le mostró un gran número de fotografías. Entre ellas había varias de Bundy. Aunque al principio tenía dudas, sacó la foto de Bundy observando que le faltaba el bigote.

Cuando se registró la casa de Bundy, la policía encontró folletos de estaciones de esquí en Colorado y también encontraron un mapa que marcaba el hotel donde había desaparecido Caryn Campbell. También encontraron un folleto que anunciaba la obra escolar del 8 de noviembre de 1974 en Bountiful. Bundy contaría más tarde que guardaba fotos Polaroid de sus víctimas en una taquilla del trabajo y que éstas no se habían encontrado durante la búsqueda. Despues de la busqueda, el destruyo esas fotos.

Bundy fue observado y los agentes le vieron limpiar a fondo su Beetle. En septiembre, vendió su coche a un adolescente, casualmente compañero de clase de Melissa Smith. La policía incautó posteriormente el coche y lo desmontó por completo para su examen forense. Se encontraron rastros de sangre. También encontraron un pelo en el maletero que luego resultó pertenecer a Caryn Campbell. Además, la policía encontró un vello púbico perteneciente a Melissa Smith.

Liz Kendall fue entrevistada extensamente por agentes de Utah en Washington en septiembre sobre su relación con Bundy. Les dijo que él dormía a menudo durante el día y que salía regularmente por la noche. Había encontrado objetos en la casa que "no entendía": materiales para poner escayolas, muletas e incluso una bolsa con ropa de mujer. También indicó que él tenía ideas sexuales extrañas. Por ejemplo, le preguntó si quería sexo anal, a lo que ella se negó horrorizada. Sin embargo, le permitió atarla varias veces. También contó que una noche se despertó y vio que Bundy estudiaba su cuerpo con una linterna bajo las sábanas. Lo que también notó fue que Bundy poseía todo tipo de cosas que no podía permitirse con sus medios económicos.

Cuando ella dijo algo al respecto, él la amenazó con romperle el cuello si lo contaba a los demás. Se enfadó bastante cuando ella le sugirió una vez que se cortara el pelo (que llevaba con raya en medio). La conversación también reveló que Bundy no estuvo con ella las noches en que los universitarios desaparecieron en Washington. Más tarde, Kendall fue interrogada de nuevo y entonces fue informada de la relación de Bundy con Stephanie Brooks en 1973.

El 2 de octubre, Bundy fue citado para comparecer en un careo (también conocido como rueda de reconocimiento). Los agentes se quedaron sorprendidos cuando lo vieron: Bundy había ido a la peluquería y llevaba el pelo completamente diferente, lo que le hacía parecer casi irreconocible. Lo hizo para despistar a los testigos. Se colocó en una fila entre otros hombres a los que se les mostró de frente y de lado. También tuvieron que recitar unas líneas de texto. Bundy era el séptimo en la fila. Carol DaRonch estaba presente, así como varios testigos que habían visto a Bundy en la representación escolar en Bountiful. A todos se les pidió que escribieran el número del sospechoso y todos anotaron el número siete.

Tras esta identificación, Bundy fue informado de que había sido reconocido, lo que le impactó enormemente. A continuación, fue detenido formalmente y encarcelado. La fianza se fijó en 100.000 dólares, pero posteriormente se redujo a 15.000 dólares. Ahora se construyó un caso criminal contra él por el intento de secuestro y asesinato de DaRonch. Debido a la falta de pruebas, el cargo de intento de asesinato tuvo que ser finalmente retirado.

La detención de Bundy, por su parte, había causado un gran revuelo en Washington. La gente no podía imaginar que fuera culpable y casi todos creían en su inocencia. El propio Bundy hizo saber que las numerosas muestras de apoyo le hicieron bien y "le hicieron sentir que realmente había logrado algo en la vida".

En noviembre, Bundy fue puesto en libertad bajo fianza después de que sus padres pagaran la fianza de 15.000 dólares. En el periodo previo al inicio del juicio, Bundy vivió con Liz Kendall mientras la policía lo observaba. Kendall escribió más tarde en su libro The Phantom Prince (El Príncipe Fantasma) sobre su relación con Bundy que en ese momento era prácticamente imposible que salieran a la puerta ya que había "tantos coches de policía civil arrancando que era como si empezara la carrera Indy 500".

En noviembre, los principales funcionarios policiales que trabajaban en el caso Bundy (Robert Keppel de Washington, Jerry Thompson de Utah y Mike Fisher de Colorado) se reunieron con un equipo de treinta investigadores y fiscales de cinco estados en Aspen. En esta reunión, más tarde conocida como la Cumbre de Aspen, intercambiaron ampliamente información y llegaron colectivamente a la conclusión de que Bundy era el hombre que estaban buscando. Al mismo tiempo, tuvieron que reconocer que los cargos contra él requerían pruebas mucho más concretas.

El juicio comenzó el 23 de febrero de 1976. Por consejo del abogado de Bundy, John O'Connell, se solicitó un juicio sin jurado ya que el caso había recibido mucha publicidad. DaRonch fue duramente interrogado, pero señaló a Bundy como el autor. Bundy admitió que había mentido a los agentes sobre sus actividades el 16 de agosto de 1975, y que además no tenía una coartada concluyente para la noche en que Carol DaRonch estuvo a punto de ser víctima. Las mentiras de Bundy no gustaron al juez Stewart Hanson. Después de una semana, fue declarado culpable del intento de secuestro de DaRonch. Un psiquiatra, mientras tanto, fue ordenado para examinar a Bundy. Cuando ese examen se completó, llegó la sentencia oficial: de 1 a 15 años de prisión con posibilidad de libertad anticipada.

En octubre, Bundy fue sorprendido en los arbustos del recinto penitenciario. Allí se encontraron mapas, horarios de vuelos de aerolíneas y otra información. Sospechado de poseer un supuesto "paquete de fuga", fue encerrado en segregación durante varias semanas. El 22 de octubre, Bundy fue acusado oficialmente del asesinato de Caryn Campbell en Colorado. La acusación se basó (en parte) en el pelo de la cabeza de Campbell encontrado en el coche de Bundy. Bundy quería defenderse en este caso. Para evitar la extradición a Colorado, inicialmente presentó una protesta legal, pero luego la retiró. En enero de 1977, fue extraditado a Colorado y trasladado a Glenwood Springs.

Sin embargo, Bundy tenía planes de fuga. Durante las audiencias preliminares en el juzgado de Aspen, se dio cuenta de que las ventanas del segundo piso estaban siempre abiertas cuando hacía buen tiempo. Para preparar un intento de fuga, entrenó sus tobillos practicando saltos en su celda. El 7 de junio de 1977, un oficial llevó a Bundy a la biblioteca del tribunal durante una pausa en una audiencia, a petición suya, para que pudiera consultar algunos libros de derecho. Esperó a que el oficial que estaba fumando en el pasillo no le prestara atención. Entonces saltó desde la ventana del segundo piso y huyó. En el salto se magulló el tobillo. Sin embargo, su salto fue visto por un testigo que inmediatamente dio la alarma.

La zona fue inmediatamente acordonada y se llevó a cabo una amplia búsqueda durante días. La fuga suscitó muchas críticas al poder judicial, pero también fue objeto de bromas divertidas. En los restaurantes de comida rápida la gente podía pedir una Bundyburger, una hamburguesa sin carne. La gente se paseaba con camisetas con textos como "Bundy está libre, puedes apostar tu Aspen por ello" y "Bundy vive en las Montañas Rocosas". Los autoestopistas también ponían en su cartel el texto "No soy Bundy" con su destino deseado.

Bundy, a pesar de las extensas búsquedas y los controles de carretera, permaneció en libertad durante casi una semana. Vagó por Aspen Mountain y se saltó dos carreteras de montaña que llevaban a Crested

Butte, su destino. Entró en cabañas de montaña y robó comida allí. Incluso se topó con un miembro armado de un equipo de búsqueda que le buscaba, pero consiguió escapar con una excusa. Finalmente, regresó a Aspen el 13 de junio, ya cansado por la falta de sueño y lastrado por su tobillo. Robó un coche, pero le pararon por su llamativa forma de conducir.

Una vez en la celda, Bundy comenzó a preparar otra fuga. Consiguió acumular 500 dólares, aportados en parte por un amigo, y en parte donados por allegados que creían que el dinero le permitiría obtener un buen asesoramiento legal. A través de un compañero de celda, consiguió una sierra para metales. La lámpara de la celda de Bundy tenía una soldadura débil y Bundy comenzó a serrar a través de ella para entrar en el espacio de arrastre por encima de ella. Al mismo tiempo, comenzó a cambiar su dieta. Comenzó a perder peso y finalmente perdió alrededor de 16 libras. Finalmente, consiguió entrar en el sótano e inmediatamente empezó a buscar una forma de escapar. Sus compañeros informaron de ruidos en el sótano, pero nadie se molestó en investigar más.

A finales de 1977, se le comunicó a Bundy que el primer día de juicio en el caso Campbell se celebraría el 9 de enero de 1978. Aunque en un principio se acordó que no se pediría la pena de muerte en el caso Campbell, se anunció que sería trasladado para la vista a Colorado Springs, donde los juicios suelen acabar con una sentencia de muerte. El 30 de diciembre, metió libros y otros materiales bajo su manta para dar la impresión de que sólo estaba durmiendo. Se escurrió por la abertura del techo de su celda y se arrastró hasta el espacio de arrastre. La casa del guardia Robert Morrison estaba justo al lado de la prisión y Bundy consiguió entrar en la casa a través del techo. Morrison y su esposa estaban fuera esa noche. En cualquier caso, la vigilancia de la prisión fue menor durante el periodo navideño porque muchos guardias tenían tiempo libre y algunos reclusos tenían permiso de Navidad.

Bundy se cambió de ropa en la casa de Morrison y se fue. Hacía mucho frío y había una tormenta de nieve. Bundy robó un coche pero pronto tuvo problemas. Un automovilista le llevó a Vail y allí Bundy se subió a un autobús para ir a Denver. En Denver, compró un billete para el vuelo de las 8:55 de la mañana de la TWA a Chicago.

La fuga de Bundy se descubrió tarde. Como se saltó el desayuno en las semanas previas a la fuga, los guardias no descubrieron que había desaparecido hasta cerca del mediodía, 17 horas después de su fuga. En ese momento Bundy ya estaba en Chicago.

Florida: los últimos asesinatos y la nueva detención

Desde Chicago, Bundy viajó en tren hasta Ann Arbor, Michigan. Sin embargo, le pareció demasiado frío, así que robó un coche. Así consiguió llegar a Georgia, donde dejó el coche en un tugurio. Tomó el autobús y llegó a Tallahassee, Florida, el 8 de enero de 1978.

Con el nombre de "Chris Hagen", alquiló una habitación en una residencia de estudiantes. Decidió pasar desapercibido y, si encontraba trabajo, podría llevar una vida normal, ya que no era muy conocido en Florida. Cuando pidió trabajo en una obra, le pidieron una identificación, algo que no llevaba encima. Bundy comenzó a robar (de nuevo), haciéndose con varias tarjetas de crédito y documentos de identidad.

Aunque quería actuar de forma discreta, sus tendencias asesinas volvieron con toda su fuerza. La noche del 14 al 15 de enero, entró por la fuerza en la residencia de estudiantes Chi Omega y fue de habitación en habitación armado con un bate. Margaret Bowman y Lisa Levy fueron severamente golpeadas y estranguladas. Bundy mordió a Levy en la nalga y la autopsia reveló que le había arrancado casi por completo un pezón. También había sido violada con un bote de laca para el pelo.

Bowman recibió tal paliza que el forense no pudo determinar dónde terminaba una fractura de cráneo y dónde empezaba otra. Otras dos estudiantes universitarias, Karen Chandler y Kathy Kleiner, sufrieron heridas graves. Sobrevivieron porque Bundy huyó cuando oyó que una estudiante volvía a casa. Esta estudiante le vio huir. Bundy volvió a entrar por la fuerza en una casa situada a pocas manzanas y atacó a la estudiante Cheryl Thomas.

Dos estudiantes que vivían al lado de Thomas se despertaron por el ruido e intentaron llamar a Thomas. Bundy huyó cuando oyó sonar el teléfono en la casa de Thomas. Cuando no contestó y se oyeron gemidos, las estudiantes alertaron a la policía, que llegó rápidamente al lugar. Thomas resultó tener varias fracturas de cráneo y quedaría sorda de un oído como consecuencia del ataque. También tuvo que interrumpir su formación en danza porque sufrió trastornos de equilibrio a causa del ataque.

El 8 de febrero, Bundy fue a Jacksonville en una furgoneta robada y habló con Leslie Parmenter, de 14 años. Iba de camino a casa y la iba a recoger su hermano. Haciéndose pasar por el bombero Richard Burton, le preguntó a qué colegio iba. Ella se dio cuenta de que estaba muy nervioso. Se preguntó por qué quería saberlo. En ese momento llegó su hermano en coche e inmediatamente preguntó qué quería el hombre. Bundy balbuceó una disculpa y salió corriendo. El hermano de Leslie anotó el número de la matrícula de Bundy y se lo pasó a su padre, que era policía y se encargó inmediatamente de ello. Bundy salió de Jacksonville y condujo hacia el oeste, hacia Lake City.

El 9 de febrero, Bundy secuestró a una niña de 12 años, Kimberly Leach, en su escuela de Lake City y la mató. Ella sería su última víctima. Bundy salió de Tallahassee el 12 de febrero en un Beetle robado de color naranja y huyó. El 15 de febrero de 1978, fue visto en Pensacola parado en un restaurante cerrado. Cuando el agente David Lee solicitó el número de matrícula del coche, resultó que éste había sido robado. Al ser detenido, Bundy intentó huir. Tras una breve persecución durante la cual Lee hizo disparos de advertencia, se produjo un forcejeo. Lee logró dominarlo poco después. En el Escarabajo se encontraron 21 tarjetas de crédito, 3 juegos de tarjetas de identificación y un televisor. También se encontró la ropa que Bundy llevaba durante el intento fallido de secuestro en Jacksonville. Cuando Lee dominó a su detenido, escuchó a Bundy decir "ojalá me hubieras disparado". Momentos después, le preguntó si le dispararían si intentaba huir en la prisión. Además, indicó que Lee sería ascendido definitivamente con su detención.

En un principio, Bundy se hizo pasar por Kenneth Raymond Misner, cuyo carné de identidad poseía. Cuando el verdadero Misner se enteró de que iba a ser detenido, dio parte a la policía. Bundy cambió entonces su nombre por el de John Doe, que es el nombre estándar en EE.UU. para los hombres no identificados. Después de varios días, reveló su verdadera identidad tras consultar con un abogado. Aunque al principio el nombre de Bundy dijo poco a los agentes, eso cambió cuando se descubrió que estaba en la lista de los diez delincuentes más buscados por el FBI.

Tras su detención, se utilizaron tarjetas de crédito para encontrar una conexión con Tallahassee y Lake City, por lo que Bundy se convirtió en sospechoso de los casos de asesinato de la casa de la hermandad Chi Omega y de la desaparición de Kimberly Leach. Así, se construyó un extenso caso criminal contra Bundy. El cuerpo de Leach fue encontrado en el Parque Estatal Suwannee en abril de 1978. Se encontraron rastros de Bundy en el lugar del cuerpo.

Los juicios en Miami y Orlando

Como la condena no era una conclusión inevitable, la fiscalía ofreció a Bundy un trato en mayo de 1979: si confesaba los asesinatos de Levy y Bowman, así como el de Leach, recibiría 75 años de prisión sin posibilidad de libertad condicional. A Bundy le gustó inicialmente el trato. Si aceptaba el trato podría esperar a que los testigos se retractaran de sus declaraciones y esperar a que se perdieran las pruebas para luego solicitar la reapertura del caso. Sin embargo, en el último momento rechazó la oferta. El abogado Mike Minerva dijo al respecto que Bundy habría tenido entonces que admitir que era culpable, algo que no podía o no quería hacer.

El 25 de junio de 1979, el juicio comenzó en Miami. Bundy, que, a pesar de la presencia de varios abogados, optó de nuevo por defenderse a sí mismo, había conseguido que se reprogramara el juicio debido a la cantidad de publicidad en Tallahassee y sus alrededores.

El juicio de Bundy fue uno de los primeros en ser televisado y la cobertura mediática fue abrumadora. La sala estaba repleta y entre los presentes estaban los padres de Bundy y Ann Rule. Bundy disfrutó de toda la atención y se convirtió en una sensación mediática por su carisma y su aspecto atractivo. Hizo contacto visual con muchas admiradoras que se peleaban por un asiento en el tribunal, por así decirlo. Rule diría más tarde al respecto que esas mujeres no se daban cuenta de que podrían haber sido sus víctimas si las hubiera encontrado durante su persecución de mujeres. Bundy confiaba en que sería absuelto e hizo el papel de su propio abogado con convicción.

Varios testigos se presentaron para hablar. La estudiante Nita Neary, que lo había visto huir de la residencia de Chi Omega, lo identificó como sospechoso. Otras estudiantes contaron que habían visto a Bundy el 14 de enero de 1978, horas antes de los asesinatos, en el Sherrod's, un bar justo al lado de la casa de Chi Omega. Una estudiante dijo que había bailado con él, pero que le parecía espeluznante y que tenía el aspecto de "un presidiario".

Las marcas de mordedura en la nalga de Lisa Levy resultaron ser una prueba crucial. Dos expertos en odontología, Richard Souviron y Lowell Levine, habían hecho moldes de yeso de los dientes de Bundy en nombre de la acusación y éstos se compararon mediante láminas transparentes con las huellas de la nalga de Levy. Resultaron coincidir.

Aunque Bundy no se parecía en nada a un maníaco homicida, la sala del tribunal pudo ver al Bundy asesino. Cuando Bundy interrogó al oficial Ray Crew y le pidió que contara con detalle lo que había visto cuando descubrió el cuerpo de Levy, el público vio cómo Bundy se divertía.

A finales de julio de 1979 se fijó la sentencia. El jurado lo declaró culpable de dos cargos de asesinato y tres de intento de asesinato. El juez Edward Cowart dictó la pena de muerte (en la silla eléctrica) en una audiencia aparte. Incluso tuvo que reconocer que estaba impresionado con Bundy: "Habrías sido un buen abogado y me habría encantado verte trabajando aquí en mi colegio. Sin embargo, has tomado un camino diferente. Cuídate y quiero que sepas que no tengo nada en contra tuya'.

En enero de 1980, Bundy compareció de nuevo ante el tribunal, esta vez en Orlando, donde fue juzgado por el asesinato de Kimberly Leach. Hubo suficiente evidencia forense en este caso para que fuera condenado. Bundy utilizó una antigua ley durante el caso que hace que el intercambio de votos matrimoniales en un tribunal sea un matrimonio válido. Bundy pidió a Carole Boone que se casara con él cuando fue llamada como testigo. Boone había sido la más fiel seguidora de Bundy durante años y entró en escena como su novia cuando Liz Kendall rompió su relación con Bundy en 1976 durante su encarcelamiento en Utah. Ella aceptó su propuesta de matrimonio. Como Bundy declaró que se casaría con ella, el matrimonio se hizo oficial.

El juez Wallace Jopling acabó condenándolo a muerte de nuevo. La ejecución de esta sentencia le llevó finalmente a la silla eléctrica tras años en el corredor de la muerte.

Mientras estaba en el corredor de la muerte, Bundy inició una batalla legal contra sus condenas a muerte impugnando las sentencias o haciendo que se reabrieran los casos. Durante una visita de Carole Boone a la prisión, se quedó embarazada de Bundy y dio a luz a una hija en 1982. En 1984, hubo un gran revuelo cuando se reveló que una barra de su celda había sido aserrada y pegada de nuevo con una sustancia fabricada con jabón. A Bundy se le asignó una celda diferente y se hicieron revisiones de la misma con más frecuencia. Más tarde se encontró otro espejo en él. En 1984, ofreció su ayuda a la policía de Washington en su búsqueda del llamado Asesino de Green River. Los agentes Robert Keppel y Dave Reichert fueron a Florida y hablaron con él. Más tarde, Keppel argumentaría que habían ido a Florida principalmente para ver si podían conseguir que Bundy hablara de sus propias acciones. Su ayuda para localizar al asesino de Green River no fue crucial. No fue hasta 2001 que este asesino fue detenido en la persona de Gary Ridgway.

En 1984, los familiares de Janice Ott y Denise Naslund solicitaron la entrega de los restos de ambas mujeres, que se habían conservado como prueba hasta entonces. Cuando resultó que los restos se habían "perdido", ambas familias demandaron a la policía. El resultado fue una indemnización.

Las órdenes de ejecución se emitieron varias veces en marzo, julio y noviembre de 1986, pero Bundy y sus abogados consiguieron detenerlas todas.

El final

En diciembre de 1988 se dictó otra orden de ejecución. Sus abogados volvieron a intentar en vano obtener una suspensión de la ejecución. Cuando quedó claro que Bundy se había quedado sin opciones legales para impugnar la ejecución, hizo que su abogado apelara a las familias de sus víctimas: si presionaban para que se suspendiera la ejecución, Bundy revelaría todos los detalles. El gobernador Robert Martínez respondió diciendo que "no dejaremos que se manipule el sistema de justicia". Que negocie su vida a costa de sus víctimas es despreciable". Las familias se negaron a acceder a la petición de Bundy, ya que suponían que éste había matado a sus hijos. Consideraron que una confesión era innecesaria. El veredicto final se llevaría a cabo el 24 de enero de 1989, a las 7:00 am. Cuando su plan no funcionó, Bundy se decidió por una confesión completa. Robert Keppel vino a Florida para hablar con Bundy cuando se le pidió y grabó numerosas confesiones. Bundy también habló con el agente del FBI William Hagmeier. Además, Bundy confesó los asesinatos a agentes de policía de Utah y Colorado. Finalmente, se resolvieron más de 20 asesinatos.

La siguiente es una lista de los asesinatos e intentos de asesinato que Bundy confesó:

Washington:

- *víctima desconocida*, 1973
- *Joni Lenz*, 4 de enero de 1974, sobrevivió al ataque
- *Lynda Healy*, 1 de febrero de 1974
- *Donna Manson*, 12 de marzo de 1974
- *Susan Rancourt*, 17 de abril de 1974
- *Kathy Parks* (secuestrada en Oregón), 6 de mayo de 1974
- *Brenda Ball*, 1 de junio de 1974
- *Georgann Hawkins*, 11 de junio de 1974
- *Janice Ott*, 14 de julio de 1974
- *Denise Naslund*, 14 de julio de 1974

Oregón:

- *víctima desconocida*
- *víctima desconocida*

Utah:

- *Nancy Wilcox*, 2 de octubre de 1974
- *Melissa Smith*, 18 de octubre de 1974
- *Laura Aime*, 31 de octubre de 1974
- *Carol DaRonch*, el 8 de noviembre de 1974, *logró escapar*
- *Debby Kent*, 8 de noviembre de 1974
- *Susan Curtis*, 28 de junio de 1975

Colorado:

- *Caryn Campbell*, 12 de enero de 1975

- *Julie Cunningham*, 15 de marzo de 1975
- *Denise Oliverson*, 6 de abril de 1975

Idaho:

- *víctima desconocida*, 2 de septiembre de 1974
- *Lynette Culver*, 6 de mayo de 1975

Florida:

- *Lisa Levy*, 15 de enero de 1978
- *Margaret Bowman*, 15 de enero de 1978
- *Karen Chandler*, 15 de enero de 1978, sobrevivió al ataque
- *Kathy Kleiner*, 15 de enero de 1978, sobrevivió al ataque
- *Cheryl Thomas*, 15 de enero de 1978, sobrevivió al ataque
- *Kimberly Leach*, 9 de febrero de 1978

Sin embargo, muchas cosas quedaron sin explicar y Bundy trató de evitar la ejecución ocultando detalles. Un día antes de su ejecución concedió una entrevista a James Dobson y le dijo que la pornografía le había llevado a actuar. Los expertos dijeron de la entrevista que Bundy dijo exactamente lo que Dobson quería oír, ya que era un opositor abierto a la pornografía. Bundy trató así de ganarse la simpatía del público y volvió a intentar evitar su ejecución. Sin embargo, fue en vano.

En la madrugada del 24 de enero de 1989, decenas de personas se reunieron en la prisión estatal de Florida en Starke. Llevaban pancartas y carteles en los que se leía "El martes es el día de Fry" y "Las rosas son rojas, las violetas son azules, buenos días Ted, te vamos a matar". Un DJ instó a la multitud a no utilizar demasiada energía porque la necesitaban para la ejecución de Bundy. Alrededor de las 7:00 am Bundy fue llevado a la cámara de ejecución y colocado en la silla eléctrica.

Le ataron y le colocaron dos electrodos en el cuerpo. Luego le preguntaron si tenía algo que decir. Díganle a mi familia y a mis amigos que los quiero", dijo. Luego le aplicaron varias descargas eléctricas. A las 7:16 de la mañana, el médico de la prisión le diagnosticó la muerte. Cuando el coche fúnebre que transportaba el cuerpo de Bundy salió del recinto penitenciario, la multitud comenzó a vitorear.

Consecuencias

En los días siguientes, se publicaron fotos del cadáver de Bundy. Fue incinerado en Gainesville, Florida. En su testamento había estipulado el deseo de que sus cenizas fueran esparcidas en las zonas montañosas de los alrededores de Seattle, donde se habían encontrado muchas de sus víctimas. Cuando se supo esto, hubo muchas protestas, pero el esparcimiento se llevó a cabo.

Ann Rule, que ya había publicado su bestseller sobre Bundy en 1980 sacó ediciones revisadas de su libro. En los años que siguieron a la ejecución, muchas mujeres le informaron de que habían sido abordadas por Bundy en algún momento. Rule incorporó los informes más creíbles en una de las reediciones. También respondió a preguntas en un capítulo añadido por separado.

Aunque Bundy confesó más de 20 asesinatos, el número real de víctimas sigue siendo una conjetura. Bundy dio a conocer inequívocamente que tenía más en su haber con su comentario de que por cada asesinato que se hiciera público "podría haber uno que permaneciera oculto". Hay numerosos casos en los estados de Washington, Oregón, Utah y Colorado en los que Bundy puede ser considerado sospechoso.

No hay pruebas, a lo sumo pistas en forma de registros de tarjetas de crédito o relatos de testigos que lo sitúan cerca. Los casos son:

Washington:

Lisa Wick y Lonnie Trumbull, junio de 1966

En el barrio Queen Anne Hill de Seattle, en junio de 1966, los dos auxiliares de vuelo Wick y Trumbull fueron atacados en su casa por la noche. En el ataque, Trumbull murió. Wick sobrevivió (probablemente porque llevaba rulos que absorbieron los golpes) pero estuvo en coma durante un tiempo. Ambas mujeres compraban regularmente en una sucursal de Safeway en su barrio, donde entonces trabajaba Bundy. Wick dijo más tarde a Ann Rule que estaba seguro de haberlas atacado.

Joyce LePage, 22 de julio de 1971

LePage desapareció de un campus de Pullman en julio de 1971. Meses después, su cuerpo fue encontrado en un barranco envuelto en una alfombra. Se dice que Bundy fue visto en la zona, pero faltan pruebas.

Carol Valenzuela, 2 de agosto de 1974

Valenzuela fue visto por última vez haciendo autostop cerca de Vancouver, Washington. Bundy fue en coche a Salt Lake City en agosto de 1974 y es posible que pasara por Vancouver, aunque no hay pruebas de ello.

Oregón:

Rita Jolly, 29 de junio de 1973

Vicki Hollar, 20 de agosto de 1973

Bundy confesó dos asesinatos en Oregón, pero se desconoce si se refería a Jolly y Hollar al hacerlo.

Utah:

Nancy Baird, 4 de julio de 1975

Baird desapareció de su trabajo en una gasolinera FINA en Farmington. Bundy negó estar involucrado en este caso en particular.

Debbie Smith, febrero de 1976

Smith desapareció en Salt Lake City en febrero de 1976. Bundy estaba entonces en libertad bajo fianza a la espera de su primer juicio. El cuerpo de Smith fue encontrado cerca del aeropuerto de Salt Lake City el 1 de abril de ese año.

Colorado:

Suzy Cooley, 15 de abril de 1975

Cooley desapareció tras salir de su instituto en Holland, Colorado. Los trabajadores de la carretera encontraron su cuerpo a principios de mayo de 1975. Los registros de las tarjetas de crédito mostraron que Bundy había estado en Golden, no muy lejos de Holland, el día de su desaparición. Aunque Bundy era sospechoso, desde entonces se ha determinado mediante pruebas de ADN que Cooley no fue asesinada por él.

Shelly Robertson, 1 de julio de 1975

Robertson no llegó al trabajo en Golden. Su cuerpo fue encontrado más tarde en un pozo de la mina. De nuevo, los registros de las tarjetas de crédito indicaban la presencia de Bundy en la zona en el momento de su desaparición. Sin embargo, faltan pruebas concretas.

Bundy parecía haber estado en muchos estados: California, Arkansas, Pensilvania, Nueva Jersey, Vermont, Kentucky y Georgia.

Esto llevó a muchos departamentos de policía de esos estados a revisar sus archivos sobre personas desaparecidas y/o asesinatos para averiguar si Bundy podría haber estado involucrado.

Destacan dos casos:

Vermont:

Rita Curran, 19 de julio de 1971, Burlington

Rita Curran trabajaba como limpiadora a tiempo parcial en un hotel adyacente al Hogar Elizabeth Lund para madres solteras, el hogar donde nació Bundy. Fue encontrada muerta en su casa el 19 de julio de 1971, violada y con el cráneo destrozado. En retrospectiva, las circunstancias de este asesinato eran tan similares al modus operandi de Bundy que se le identificó como posible sospechoso. En 1971 hay periodos en los que no está claro dónde estaba Bundy, por lo que no se puede confirmar su presencia en Burlington. Sin embargo, los informes de la ciudad mencionan a un tal Bundy que supuestamente fue mordido por un perro durante esa semana.

Nueva Jersey:

Susan Davis y Elizabeth Perry, 3 de junio de 1969, Somers Point

El 30 de mayo de 1969, Davis y Perry, dos amigos de la universidad, fueron apuñalados hasta la muerte. Su coche fue encontrado vacío ese día. Tres días más tarde, los cuerpos de las dos mujeres fueron encontrados cerca. Bundy estaba asistiendo a la Universidad de Temple en Filadelfia en ese momento. Una entrevista con la tía de Bundy, Julia, reveló que tenía una pierna escayolada por un accidente el fin de semana en que se produjeron los asesinatos. Por lo tanto, nunca podría haber estado en Nueva Jersey. La evidencia de un accidente, sin embargo, parecía ser inexistente. Esto llevó al periodista Richard Larsen a pensar que podría haber utilizado esa "lesión" como excusa para pedir ayuda a las dos mujeres, al igual que hizo posteriormente durante sus asesinatos. No hay pruebas concretas de que Bundy sea el autor.

En 2002, se resolvió un caso en el que Bundy era sospechoso desde hacía tiempo. En la desaparición y asesinato de Kathy Devine en 1973, las pruebas de ADN encontraron un sospechoso, un tal William E. Cosden.

En 2011, se recuperó un tubo de sangre de Bundy en un juzgado de Florida. Se le había exigido que donara esa sangre para una investigación policial en 1978. La calidad de la muestra de sangre resultó ser tan buena que se pudo hacer un perfil completo de ADN. Ese perfil se introdujo en la base de datos de ADN del FBI y uno de los primeros casos que se intentó resolver fue la desaparición de Ann Marie Burr, de 8 años, en agosto de 1961. Bundy tenía 14 años en ese momento y tenía una ruta periodística que incluía la calle donde vivía la niña. Bundy conocía a la niña porque vivía al lado de un tío suyo. El padre de Burr afirmó que había visto a Bundy cerca de su casa la mañana siguiente a la desaparición. Bundy siempre ha negado tener nada que ver con la desaparición e incluso escribió una carta a los padres en 1986 diciéndoles que era inocente. A partir de los rastros que dejó la desaparición de Ann Marie Burr, el ADN de Bundy no pudo aportar pruebas concluyentes. El ADN sigue estando disponible para la investigación de los llamados casos sin resolver.

El perfil de Ted Bundy

Bundy era un asesino muy organizado, muy meticuloso y que preparaba ampliamente sus asesinatos. Buscaba a sus víctimas con cuidado y elegía de antemano un lugar para ocultar el cadáver. Gracias a la lectura de revistas de crímenes reales y a su trabajo en varias comisiones y agencias de investigación, conocía bien los métodos de investigación y utilizaba estos conocimientos para no caer en manos de la policía.

Eligió deliberadamente el estrangulamiento y la agresión como métodos de asesinato porque producían relativamente poco ruido y podían llevarse a cabo con utensilios cotidianos.

Por ello, evitaba las armas de fuego por el ruido y las pruebas balísticas que dejaban. Siguió la cobertura mediática de sus asesinatos y atacó en lugares muy espaciados, a veces a cientos de kilómetros de distancia. Cubrió bien sus huellas, quemó las ropas de sus víctimas (excepto la de Julie Cunningham, que tiró en un contenedor de ropa) y dejó pocas o ninguna prueba concreta en los lugares. La falta de pruebas concretas en muchos casos fue uno de los argumentos para que se declarara inocente.

Aunque Bundy pertenece al tipo organizado, también mostró rasgos del tipo desorganizado. Tras el asesinato de Georgann Hawkins, le entró el pánico y tiró su ropa fuera del coche, junto con las esposas. Cuando recuperó la compostura un día después, volvió a la escena del crimen y recogió los objetos abandonados.

Los asesinos en serie se vuelven más y más peligrosos cuanto más tiempo operan. Los intervalos entre los asesinatos se acortan y el control del autor disminuye. Las hazañas de Bundy también lo indicaban claramente: en Washington, Utah y Colorado, mató de forma controlada y extremadamente planificada, y se comportó de forma casi discreta. En Florida, perdió el control de sí mismo y asumió riesgos cada vez mayores. Los asesinatos en la casa de la hermandad Chi Omega fueron una masacre y fue visto por testigos tanto allí como en el secuestro de Leach. Por lo demás, su comportamiento no se parecía en nada a sus acciones controladas en Washington, Utah y Colorado. Por ejemplo, los testigos de Florida nos dijeron que tenía un aspecto desaliñado, hablaba de forma incoherente y se mostraba nervioso.

La terminación de la relación con Stephanie Brooks fue una experiencia traumática que le afectó profundamente. Muchas de sus víctimas eran muy parecidas a ella. La Dra. Dorothy Otnow Lewis calificó ese rechazo de Brooks como un punto crucial en su desarrollo. Ann Rule especuló que le guardaba tanto rencor a Brooks que se vio impulsado a matar a mujeres que se parecían a ella. Cuando se le preguntó a Bundy sobre esto, respondió diciendo que eso era una tontería. Según él, las mujeres eran atractivas pero completamente diferentes físicamente.

En las fotos de Bundy destaca su aspecto siempre cambiante. Una vez se describió a Bundy como un camaleón:

Cambiando su peinado (con la raya a la izquierda o a la derecha y una longitud de pelo siempre cambiante), variando su peso en unos pocos kilos (lo que hacía que su cara pareciera más llena o más delgada) y pegándose un bigote y/o dejándose crecer la barba podía cambiar totalmente su aspecto. Bundy lo sabía y lo utilizaba ampliamente.

El juez Stewart Hanson, que juzgó a Bundy en 1976, dijo en una entrevista que un día del juicio Bundy regresó a la sala después de un aplazamiento con ropa diferente y con un peinado distinto que lo hacía casi irreconocible. Ocultaba su rasgo más llamativo, una marca de nacimiento en el cuello, vistiendo cuellos de tortuga o camisas con cuello. En Florida se dejó crecer el bigote y se dibujó con lápiz una marca de nacimiento en la mejilla.

La policía se quejaba de que a veces no tenía forma de conseguir fotografías suyas, ya que mucha gente no lo reconocía. Lo mismo parecía ocurrir con su coche. Algunos indicaban que el Escarabajo era de color claro, otros lo describían como oscuro.

Los periodistas Stephen Michaud y Hugh Aynesworth tuvieron la oportunidad de hablar con Bundy en 1980. Su propuesta de escribir un libro sobre él fue bien recibida, pero Bundy se mostró reacio a revelarlo. Entonces le sugirieron que especulara en tercera persona sobre los métodos del asesino y así Bundy podría hablar más o menos libremente sin incriminarse. Durante las sesiones de entrevista, Bundy comenzó por primera vez a hablar más sobre sus motivaciones. Sobre sus robos, nos dijo que le gustaba mucho poseer cosas. También quería poseer a sus víctimas y lo hacía a través de la violencia sexual utilizada. Al principio mataba para evitar ser identificado, pero más tarde los asesinatos se convirtieron en parte de la posesión.

Se descubrió además que Bundy tenía un miedo casi obsesivo a quedarse sin gasolina. Los extractos de su tarjeta de crédito mostraban que llenaba enormemente, siempre en pequeñas cantidades.

El agente del FBI William Hagmeier buscó a Bundy en el corredor de la muerte y éste desarrollaría una buena relación con él. Notable ya que despreciaba a la policía y al FBI, a quienes consideraba incompetentes e inferiores a él. Le gustaba jugar a juegos psicológicos. Por ejemplo, tomó fotos de los agentes de vigilancia que le vigilaban en 1975 y 76. En una ocasión se mofó del policía de Utah Jerry Thompson diciendo que estaba "buscando pajas". Le aconsejó que siguiera buscando y que entonces podría "hacer una escoba con esas pajas".

Hagmeier se fijó en cómo Bundy vivía sus asesinatos. Los describió como una especie de unificación con sus víctimas, que así se convertían en parte de él y estaban siempre con él. En 1986, cuando su ejecución parecía inevitable, dijo con franqueza a Hagmeier y Nelson que seguía visitando los lugares donde dejaba a sus víctimas. Maquilló el rostro de la sin vida Melissa Smith y al cadáver de Laura Aime le lavó el pelo. Indicó que "si tiene tiempo puede hacer que sean quienes quiera". Confesó haber decapitado al menos a 12 víctimas. También confesó ser necrófilo y abusar de los cuerpos con ese fin.

Aunque Bundy acabó confesándose, se negó a asumir la responsabilidad de sus actos. Para él, la culpa de sus acciones estaba fuera de sí mismo. Por ejemplo, declaró que llegó a sus acciones por la falta de su padre biológico, la violencia ejercida por su abuelo, el consumo de alcohol, la violencia en la televisión, la pornografía y la policía, a la que acusó de manipular las pruebas.

En un momento dado, incluso echó la culpa a las víctimas: en una carta a Kendall, escribió una vez que conocía a personas que irradiaban vulnerabilidad. Por ello, provocaban la violencia contra ellas. Que no tenía compasión por sus víctimas se hizo evidente cuando una vez las llamó despectivamente "mujeres desechables" y una vez dejó caer: "¿qué es una mujer menos en el mundo?

Ted Bundy fue examinado exhaustivamente por psiquiatras en varias ocasiones. La primera vez fue en 1976, cuando el Dr. Al Carlisle lo analizó por encargo del tribunal de Utah. Carlisle determinó que Bundy sufría cambios de humor, era dependiente de las mujeres en sus relaciones, y esta dependencia la calificó de sospechosa. Concluyó además que Bundy tenía miedo de ser humillado en las relaciones.

En la preparación del juicio de 1979, Bundy fue examinado por el Dr. Emanuel Tanay. Él encontró que Bundy sufría de un trastorno de la personalidad y se dejaba llevar por un comportamiento impulsivo. Según él, Bundy estaba más preocupado por impresionarle que por aprovechar las oportunidades que le ofrecía un análisis. Tanay señaló además que el trastorno de Bundy no le permitía contribuir constructivamente a su defensa. Estaba más interesado en rechazar a la autoridad y al poder que en salvar su vida. Predijo que Bundy rechazaría una oferta de declaración de culpabilidad a cambio de tiempo de cárcel porque no sería capaz de brillar en el tribunal. Tanay llegó a la conclusión de que Bundy demostraba claramente una psicopatía en su comportamiento.

La Dra. Dorothy Otnow Lewis examinó a Bundy en 1987. Le diagnosticó un trastorno maníaco-depresivo y señaló que había cometido sus asesinatos durante sus episodios depresivos, pero posteriormente se retractó de ese diagnóstico. Además, sugirió que Bundy tenía una personalidad múltiple basándose en las declaraciones de dos testigos. Una tía abuela contó una vez que esperaba con Bundy el tren y que de repente parecía una persona diferente y la asustó. Un carcelero tuvo una experiencia similar: notó que Bundy actuaba de forma extraña y parecía que su personalidad había cambiado. Informó de que le tenía miedo en ese momento.

El diagnóstico final apuntaba a un trastorno antisocial de la personalidad. Este término se utiliza para lo que antes se llamaba psicopatía y sociopatía. Las personas con este trastorno pueden ser muy encantadoras, tienen un desarrollo superficial de la personalidad, tienen una conciencia deficiente o nula, conocen la distinción entre el bien y el mal pero, sin embargo, no se dejan disuadir de cometer delitos y tienen poca o ninguna culpa.

Manipulan su entorno y son irresponsables. Lo bueno que era Bundy en esto quedó claro cuando un psiquiatra tuvo que admitir una vez que Bundy era capaz de manipular incluso a él.

La falta de culpa, por cierto, fue admitida por el propio Bundy cuando dijo en 1981: 'la culpa no resuelve nada. Estoy en la envidiable posición de no tener culpa". Su comportamiento irresponsable es evidente, entre otras cosas, en su infidelidad en sus relaciones y en la forma en que manejaba el dinero: En un momento dado, en 1975, debía dinero a casi todo su entorno.

Michaud comparó el encanto y la atracción de Bundy por las mujeres con una flor artificial que engaña a los insectos. El desarrollo superficial del carácter de Bundy fue descrito acertadamente por Larry Diamond, colega de Bundy en el DES. Según él, Bundy era como un escaparate atractivo: "te convencen para que entres en la tienda, pero una vez dentro casi no hay mercancía".

Que detrás del encanto de Bundy había una personalidad fría quedó claro cuando le preguntaron si realmente había matado a 35 mujeres. Afirmó que "tenía que haber otra cifra para llegar al total". Tanto Ann Rule como Robert Keppel creen que esa fue su forma de insinuar que había matado a más de 100. Más tarde, Bundy matizó ese comentario y dijo a Polly Nelson que la cifra de 35 era correcta. Sin embargo, Keppel se mantuvo en su posición ya que en sus conversaciones con Bundy se dio cuenta de que (tanto él como Bundy lo sabían) el número real de víctimas era mucho mayor que 35.

Bundy informó de que una de las víctimas entró en razón en su coche y creyó que iba a ayudarla con un examen de español que tenía que hacer al día siguiente. Esto le maravilló. A otras víctimas, cuando volvieron en sí, les dijo que las llevaría a urgencias.

Parecía haber cierta ingenuidad en el pensamiento de Bundy: por ejemplo, se sorprendía de que sus víctimas no fueran vistas. También veía a Estados Unidos como un país en el que la gente no se fijaba en los demás, y mostraba su asombro cuando se enteraba de que los testigos le habían visto en algún lugar.

En 1989, cuando su ejecución parecía inevitable, Bundy empezó a confesar sus asesinatos a Keppel y a los agentes de Utah y Colorado. Keppel se quedó atónito con lo que escuchó: Bundy le dijo que había guardado las cabezas de Healy, Ball, Rancourt y Parks en su casa durante algún tiempo. Describió con detalle cómo había matado a Hawkins y confesó haber quemado la cabeza de Manson en la chimenea de Kendall. Sobre esto último, señaló que Kendall nunca le perdonaría por ello. Hagmeier notó que Bundy tenía miedo de morir y quiso saber en detalle cómo se hacía la ejecución. Bundy también le habló del suicidio. Según Hagmeier, Bundy no quería darle al estado de Florida el placer de verlo morir. De todos modos, Bundy acabó renunciando a sus planes de suicidio.

Aunque Carole Boone Bundy siguió creyendo en la inocencia de su marido durante años, en 1986 se produjo un distanciamiento entre ellos que acabó en divorcio. Ella se marchó con su hija y cambió de identidad varias veces. Tras una enfermedad, quedó confinada en una silla de ruedas y vivió en una residencia de ancianos donde nadie conocía su pasado. Finalmente, falleció a los 70 años en enero de 2018.

En una de las actualizaciones publicadas del libro de Ann Rule El extraño a mi lado, Rule escribe que a su perro, un verdadero amigo de todos los hombres, no le gustaba Bundy. De vez en cuando llevaba al animal a su trabajo en la línea de ayuda, donde ella y Bundy atendían los teléfonos. Cada vez que Bundy se acercaba a ella, el perro gruñía y le ponía los pelos de punta. Como resultado, Rule indicó que la gente debería "prestar más atención a sus perros".

Rule se sorprendió cuando, tras la muerte de Bundy, se pusieron en contacto con ella mujeres que le dijeron que estaban deprimidas por la muerte de Bundy. Algunas incluso dijeron que habían sufrido una crisis nerviosa. Todas estas mujeres mantuvieron correspondencia con él y todas estaban convencidas de que eran "las únicas" para él. Rule indicó que para sanar tenían que reconocer que habían sido engañadas por un maestro de la manipulación y que estaban de duelo por una persona que nunca había existido. Concluyó que Bundy era una víctima incluso después de su muerte.

Ann Rule explicó en una entrevista que, a veces, las personas nacen con una predisposición genética que puede conducir posteriormente a la violencia. Si ese individuo crece desde el principio en una familia cercana y cálida en la que la educación se centra en el respeto a los demás y en las relaciones normales, esa predisposición puede acabar desapareciendo y evitar así que alguien se vuelva violento. Sin embargo, si ese individuo crece en una familia en la que la violencia y las normas y valores desviados son normales, se han sentado las bases para un desarrollo del carácter extremadamente peligroso. En el caso de Ted Bundy, este parece ser claramente el caso: durante los primeros cuatro años de su vida, vivió en una familia inestable donde la violencia era algo habitual. Rule también afirma que los niños pueden darse cuenta a una edad muy temprana de si son queridos o no, lo que también influye enormemente en su desarrollo. De nuevo, la incapacidad de Ted Bundy para apegarse a su madre inmediatamente después de nacer debe haber perjudicado sin duda el desarrollo de su carácter. Sin embargo, hay que señalar que el propio Bundy ha dicho que "eligió matar".

En retrospectiva, se puede concluir que Bundy "tuvo su tiempo". Las pruebas de ADN eran prácticamente inexistentes y la policía aún no tenía acceso a los amplios sistemas informáticos de hoy en día. El hecho de que las cámaras de vigilancia no fueran todavía algo habitual en los años 70 también jugó a favor de Bundy. En parte como resultado de los crímenes de Bundy, en 1985 se puso en marcha el llamado VICAP (Programa de Aprehensión de Criminales Violentos): una base de datos en la que se almacenan los datos de los asesinatos y se comparan con otros casos para detectar similitudes y patrones. Bundy aumentó significativamente el conocimiento de los asesinos en serie y matizó aún más la percepción general de estos criminales.

3. Dean Corll

Años de actividad: 1970-1973
País: Estados Unidos
Asesinatos cometidos: 28 confirmados, más de 40 estimados
Castigo: 6 sentencias de 99 años de prisión

Dean Arnold Corll, nacido en Fort Wayne el 24 de diciembre de 1939 y fallecido en Pasadena, Texas, el 8 de agosto de 1973, fue un asesino en serie estadounidense apodado Candy Man porque su familia era propietaria de la empresa Corll Candy Company. Junto con sus cómplices David Oven Brooks y Elmer Wayne Henley, secuestró, torturó y asesinó al menos a 28 chicos de entre trece y veinte años en Houston entre 1970 y 1973. El caso pasó a los libros como los Asesinatos en Masa de Houston.

Corll encontró su fin a los 33 años cuando Henley le disparó. Este último llamó entonces a la policía para contarles lo que había hecho e inmediatamente reveló los asesinatos en los que Corll, Brooks y él habían participado los años anteriores.

El modus operandi de Dean Corll

Corll era cogestor (junto con su madre Mary Robinson) de la tienda de caramelos de su familia. Era conocido por regalar caramelos a los niños del barrio, principalmente a los adolescentes. Por ejemplo, en 1967 conoció a Brooks, que entonces tenía doce años, como uno de los varios adolescentes con los que le gustaba pasar el rato. Fue a la playa con ellos e instaló una mesa de billar en la tienda de caramelos, donde los chicos podían venir a jugar.

El primer asesinato de Corll fue el de Jeffrey Konen, de dieciocho años, en septiembre de 1970. Recogió al chico mientras hacía autostop, lo estranguló y lo enterró. A continuación, Corrl secuestró a otras dos víctimas y las ató a una tabla de madera contrachapada preparada en su casa. Cuando estaba a punto de atiborrarse de ellas, Brooks lo atrapó. A cambio de un coche, le prometió mantener la boca cerrada al respecto. Entonces Brooks aceptó la oferta de Corll de darle 200 dólares por cada chico que atrajera a la casa de Corll.

Después de trabajar juntos para elevar el número de víctimas a nueve, Henley, que entonces tenía quince años, se involucró en el caso. Distribuyó carteles con peticiones de información sobre su amigo desaparecido David Hilligiest. Brooks presentó a Henley a Corll en 1971. En lugar de convertirlo en su próxima víctima, Corll le hizo a Henley la oferta de atraer a los chicos por 200 dólares cada uno. Le dijeron que Corll formaba parte de un grupo organizado de personas que se dedicaban a abusar sexualmente de chicos menores de edad. Henley también aceptó y se convirtió en un señuelo activo. El número de chicos llevados a Corll, atados, torturados y luego asesinados siguió aumentando. Los chicos atraídos eran a veces drogados, a veces capturados por la fuerza bruta. Aunque en un momento dado Henley se dio cuenta de que Corll estaba torturando y matando a sus víctimas, no dejó de atraer a nuevos chicos.

El clímax de los crímenes de Dean Corll

Henley atrajo a Timothy Cordell Kerley a la casa de Corll en agosto de 1973. Sin embargo, también llevó consigo a Rhonda Williams, de quince años, a quien había encontrado fuera porque huía de su padre borracho. Tras consumir el licor y la marihuana necesarios, los tres adolescentes se quedaron dormidos en la casa de Corll.

Cuando Henley se despertó, estaba atado de pies y manos. Kerley y Williams yacían amordazados junto a él en el suelo. Corll estaba furioso porque Henley le había traído una chica. Henley consiguió que lo desatara aceptando cooperar en la tortura y el asesinato de los otros dos adolescentes. En ese momento, cogió la pistola de Corll y le dijo que ya era suficiente. A continuación, acabó con la vida de Corll de cinco balazos. Tras liberar a Kerley y Williams, convencieron a Henley para que llamara a la policía. Lo hizo. A continuación, dijo a la policía dónde podían encontrar los cuerpos sin cuerpo de varias de las víctimas de Corll,

En la noche del 8 de agosto, Brooks se presentó ante la policía en Houston. Negó haber participado en la tortura o en el asesinato, pero confesó haber tenido conocimiento de ello. Al igual que Henley, comenzó a ayudar a la policía en la búsqueda de los chicos asesinados. Todos los chicos habían sido asesinados por estrangulamiento o a tiros y presentaban heridas por las cuerdas utilizadas para atarlos. En todas las víctimas se encontraron rastros de abuso sexual hasta tortura sexual, como la introducción de objetos en el recto o la uretra o la castración mientras estaban vivos.

Las víctimas

Bajo la dirección de Brooks y Henley, la policía de Houston encontró los cuerpos de 27 chicos asesinados, así como un hueso de brazo y una pelvis adicionales en la misma tumba en la que yacían las dos últimas víctimas encontradas. El 13 de agosto de 1973 se interrumpió la búsqueda de más cuerpos, a pesar de que 42 chicos habían desaparecido desde 1970 y de que, según Henley, no se habían encontrado al menos dos víctimas más de Correll. El cuerpo de Joseph Lyles fue encontrado por casualidad en 1983.

Las penas por los asesinatos de Henley y Brooks

Se encontraron suficientes personas para tomar un total de seis horas de declaraciones de testigos contra Henley y Brooks, incluyendo las de Rhonda Williams y Tim Kerley. Ambos fueron procesados por separado.

Brooks fue condenado por un asesinato, el de Billy Ray Lawrence (15). Por ello, recibió una sentencia de cadena perpetua. Henley fue condenado por seis asesinatos y recibió 6 x 99 años de prisión por ello. Su muerte a tiros de Corll no fue juzgada como asesinato, sino como defensa propia.

4. Jeffrey Dahmer

Años de actividad: 1978-1991
País: Estados Unidos
Asesinatos cometidos: 15 confirmados
Castigo: Cadena perpetua

Jeffrey Lionel Dahmer, nacido en Milwaukee el 21 de mayo de 1960 y muerto en Portage el 28 de noviembre de 1994, fue un asesino en serie estadounidense, afrodisíaco, necrófilo, caníbal y coleccionista de partes del cuerpo y del esqueleto de sus víctimas. A menudo se le llamaba "el caníbal de Milwaukee". Diecisiete hombres y niños que le resultaban atractivos murieron en su búsqueda del control total de sus cuerpos: en parte mediante el asesinato directo, en parte inyectándoles ácido clorhídrico o agua hirviendo en el cerebro, una especie de forma primitiva de lobotomía, con la intención de convertirlos en esclavos sexuales involuntarios, lo que involuntariamente les llevó a la muerte a los pocos días.

El caso Dahmer es notable no sólo por sus acciones sino también por la negligencia de la policía.

La juventud de Jeffrey Dahmer

Jeffrey Dahmer nació el 31 de mayo de 1960, hijo del doctor en química Lionel Herbert Dahmer y de Joyce Annette Dahmer-Flint. Creció en Bath, en el condado de Summit (Ohio).

El 18 de diciembre de 1966, Jeffrey tuvo un hermanito cuyo nombre podía elegir. Eligió el nombre de David.

En 1970, durante una cena familiar de pollo, preguntó a su padre qué pasaría si se blanquearan los huesos de pollo. Su padre tomó esta pregunta como una señal de interés por la química y le explicó a Jeffrey cómo disolver químicamente los productos. Este método sería utilizado posteriormente por Dahmer para sus víctimas.

Jeffrey era un niño feliz al principio, pero a partir de los seis años se sentía cada vez más solo. Cada vez le fascinaban más los huesos de animales y los animales muertos. Empezó a buscar animales atropellados para diseccionarlos, por lo que su explicación a sus compañeros de clase era que le resultaba "fascinante" saber cómo se componían esos animales. Sus padres le prestaban poca atención, ya que su madre estaba deprimida y su padre estaba demasiado ocupado trabajando.

Cuando su padre volvía a casa por la noche, su madre necesitaba toda la atención. Jeffrey tenía pocos amigos, incluido el dibujante Derf Backderf, con el que perdió el contacto hacia los 15 años. Durante sus años de instituto, empezó a beber. Dejó el instituto como alcohólico. Por esa época, en 1977, sus padres se divorciaron.

Posteriormente, Backderf publicó, basándose en sus propias experiencias, la historia de la infancia de Dahmer hasta su primer asesinato, en forma de cómic Mi amigo Dahmer, con otra sección de texto explicativo en la parte posterior. Este libro se utiliza para una película.

Su primer asesinato

En junio de 1978, pocas semanas después de terminar el instituto, cometió su primer asesinato. Debido al divorcio de sus padres, vivía temporalmente solo en su casa. Su padre vivía en un motel cercano y su madre se había trasladado a Wisconsin con su hermano pequeño poco antes.

El 18 de junio de 1978, llevó a Steven Mark Hicks y vio la oportunidad de atraerlo a su casa, donde le ofreció alcohol. Cuando Hicks quiso marcharse, Dahmer no lo consideró oportuno y lo mató con una mancuerna de metal de 4,5 kg, primero golpeándolo con ella y luego estrangulándolo con ella. Desmembró el cuerpo, lo escondió temporalmente en el sótano y luego lo enterró en el patio trasero. Más tarde desenterró los restos. Disolvió la carne en ácido cáustico y la tiró por el retrete. Trituró los huesos con un mazo antes de esparcirlos por el bosque de detrás de la casa.

Hasta 1991, se desconocía qué había ocurrido con el desaparecido Hicks. Luego se reveló que Dahmer lo había matado, y que posteriormente había cometido otros 16 asesinatos.

Universidad, ejército y fábrica de chocolate

Jeffrey no mostró ninguna motivación para hacer carrera y sólo fue a estudiar a la Universidad Estatal de Ohio porque su padre y su nueva esposa Shari insistieron en ello. Tras el primer trimestre, en el que apenas estuvo sobrio, abandonó los estudios. Su padre le planteó entonces la opción de conseguir un trabajo o alistarse en el ejército. Como Jeffrey no se decidía y seguía bebiendo, su padre acabó llevándole él mismo a la oficina de reclutamiento del ejército. En el ejército todo parecía funcionar después de todo, pero en 1981 fue dado de baja con honores debido a su problema con el alcohol y el comportamiento resultante. Tras pasar un tiempo en Miami, regresó con su padre y su madrastra a Ohio. En 1982, se mudó con su abuela a su ciudad natal, West Allis. Con el tiempo, también aquí encontró un trabajo en una fábrica de chocolate.

Comportamiento extraño, tres asesinatos más y toques con la justicia por delitos leves

Durante seis años, Jeffrey vivió con su abuela y mostraba un comportamiento cada vez más extraño. Recogía animales muertos y los disolvía en el sótano con productos químicos. Esto causaba las necesarias molestias de olor. También robó un maniquí masculino de una tienda de ropa y su abuela encontró una Magnum 357 debajo de su cama. Iba a saunas gay, donde ponía somníferos en las bebidas de sus parejas sexuales para abusar de sus cuerpos sin ser molestado. Esto cesó cuando uno de ellos acabó en el hospital durante una semana a causa del somnífero, y a Jeffrey se le negó posteriormente el acceso a la sauna.

Además, Jeffrey entró en contacto con la justicia en varias ocasiones. Tras haber sido detenido en 1981 por embriaguez en público, fue arrestado en 1982 y 1986 por comportamiento lascivo, la segunda vez por masturbarse en presencia de dos menores de edad. Esta segunda detención le valió una condena de prisión suspendida. Todas estas molestias hicieron que su abuela ya no lo quisiera en la casa y le pidiera que se fuera.

El 15 de septiembre de 1987, nueve años después de su primer asesinato, Jeffrey fue a un hotel con Steven Tuomi, de 26 años, como pareja sexual y le administró una droga para dormir. A la mañana siguiente vio que Tuomi estaba muerto. Jeffrey no recordaba lo que había sucedido, pero llegó a la conclusión de que debía haber matado a Tuomi a golpes. El 1 de enero de 1988, mató a James "Jamie" Doxtator, un niño indígena de 14 años, y el 24 de marzo del mismo año, al mexicano Richard Guerrero.

El 26 de septiembre de 1988, un día antes de mudarse a un nuevo hogar, Jeffrey fue detenido por drogar y abusar de un niño laosiano de 13 años llamado Somsack Sinthasomphone. Esto le valió una condena de seis años de prisión, cinco de los cuales fueron suspendidos. Además, fue registrado como delincuente sexual. Cumplió su condena en régimen de "libertad laboral", que le obligaba a pasar sólo su tiempo libre en la cárcel y le permitía mantener su trabajo fuera de ella. Tras su puesta en libertad anticipada, diez meses después, aún se instaló en su nuevo hogar.

Lionel Dahmer asistió a su hijo después de cada detención y pagó a su abogado.

Trece asesinatos más

Con los asesinatos de Tuomi, Doxtator y Guerrero, Dahmer desarrolló su modus operandi. Se movía por los bares y casas de baños gay en busca de una víctima. Cuando encontraba a alguien, intentaba atraerlo con el pretexto de mantener relaciones sexuales para el placer mutuo, o le ofrecía dinero por sexo o por hacerse fotos desnudas u homoeróticas. A continuación, drogaba a su víctima ofreciéndole una bebida que contenía pastillas para dormir pulverizadas. Cuando la víctima estaba finalmente indefensa, la estrangulaba. Después de esto, Dahmer solía practicar sexo oral o anal con el cadáver, tras lo cual lo diseccionaba. A veces también se masturbaba cerca de los cuerpos. En el proceso, a menudo se comía partes de su víctima, como el bíceps. El cráneo se conservaba, al igual que el pene, que se ponía en agua fuerte. El resto se disolvía en ácido y se lavaba, o se enterraba. Con las partes conservadas, Dahmer hacía un santuario.

Con las víctimas posteriores, después de drogarlas, Dahmer aplicó una especie de forma primitiva de lobotomía, perforando un agujero en el cráneo e inyectando así ácido clorhídrico o agua hirviendo en el cerebro. De este modo, esperaba crear esclavas sexuales sin voluntad ("vivas, interactivas, pero bajo mis condiciones"). Según el propio Dahmer, esto tuvo éxito al principio, pero seguían muriendo a los pocos días.

A medida que pasaba el tiempo, los intervalos entre los asesinatos disminuían. Entre el primer asesinato en 1978 y el segundo en 1987 pasaron nueve años. En el año siguiente, 1988, cometió dos asesinatos. En 1989 cometió "sólo" uno, pero en 1990 Dahmer mató a cuatro. En 1991, el año de la detención de Dahmer, cometió ocho asesinatos, el último de ellos semanal. Esto se detuvo cuando otro asesinato fracasó, y la víctima dio la alarma, ver más abajo.

Konerak Sinthasomphone

La decimotercera víctima de asesinato de Dahmer, y una de las más trágicas, fue Konerak Sinthasomphone, de 14 años, sobre todo porque la policía no respondió adecuadamente a este incidente. Casualmente, éste era también el hermano menor de Somsack Sinthasomphone, que había sido abusado por Dahmer en 1988 y por el que Dahmer había sido condenado y registrado como delincuente sexual. Además, algunos creen que la negligencia policial estuvo motivada por el racismo y la homofobia.

En la madrugada del 27 de mayo de 1991, dos mujeres jóvenes encontraron a Sinthasomphone. Estaba desnudo, drogado y ensangrentado, sangrando por el ano. Dahmer no tardó en aparecer en la escena e intentó llevarse al chico a su casa. Las mujeres se negaron y llamaron a la policía y a una ambulancia.

La policía creyó la versión de Dahmer, que era que el chico era su amigo de 18 años con el que había estado bebiendo, tras lo cual se habían enzarzado en una discusión. Dahmer parecía tranquilo y racional, mientras que las mujeres parecían ansiosas, el chico parecía efectivamente borracho y los agentes perdieron el interés con bastante rapidez.

La policía llevó al niño a la casa de Dahmer, donde lo dejaron, a pesar del hedor que flotaba en la casa (el olor resultó ser más tarde del cuerpo en descomposición de la anterior víctima de Dahmer, Tony Hughes). La policía no verificó la edad de Sinthasomphone, ni se percató del registro de Dahmer como delincuente sexual.

Sinthasomphone estaba demasiado drogado y sedado para explicar que Dahmer había querido matarlo y que había estado corriendo por su vida. Cuando la policía se fue, Dahmer estranguló a Sinthasomphone, lo sodomizó y diseccionó su cuerpo. También se conservó su cráneo.

La policía no tomó ninguna otra medida. Cuando la madre de una de las mujeres, Glenda Cleveland, llamó para preguntar qué había pasado con "ese chico asiático", le dijeron que era un adulto. Cuando insistió, el agente de guardia le contestó que había vuelto a casa con su amigo y que tampoco podía ayudar a conocer las preferencias sexuales de nadie.

Posteriormente, cuando Cleveland estableció una conexión entre el incidente y la desaparición de Sinthasomphone y volvió a llamar a la policía, nadie se hizo cargo y no se envió a nadie a ella. El FBI tampoco respondió a la llamada de Cleveland.

Dos de los tres agentes de servicio, John Balcerzak y Joseph Gabrish, fueron posteriormente dados de baja con deshonor por negligencia y por sus comentarios homófobos en el coche de policía.

Por ejemplo, habían hecho comentarios sobre el "reencuentro de los amantes" y creían que debían ser "expulsados" por tocar al chico. Sin embargo, los agentes impugnaron con éxito su despido y pudieron continuar su carrera en el cuerpo de policía.

Su detención tras la fuga de una posible víctima

En la primera mitad de 1991, la frecuencia de los asesinatos aumentó hasta ser semanal. Los residentes se quejaban del hedor que reinaba en el complejo de apartamentos y de la contaminación acústica. Sin embargo, estos problemas no mataron a Dahmer.

El 22 de julio de 1991, Dahmer atrajo a Tracy Edwards a su apartamento. Edwards se negó a ser esposado, por lo que Dahmer le obligó a entrar en el dormitorio a punta de pistola.

Las imágenes de los cuerpos muertos y mutilados de las víctimas de Dahmer y el hedor hicieron creer a Edwards que él sería la próxima víctima y que tendría que luchar por su vida.

Edwards golpeó a Dahmer en la cara y le dio una patada en el estómago, y escapó. En la calle, paró un coche de policía.

Los agentes volvieron con Edwards al apartamento, donde Dahmer se dirigió a ellos con calma y amabilidad. Esta vez, sin embargo, los agentes no les dejaron salirse con la suya.

Encontraron las fotos y el cuchillo y hallaron una cabeza en la nevera. Dahmer se resistió y amenazó a los agentes, pero fue detenido.

Posteriormente, la policía encontró tres cabezas más y un corazón humano en el frigorífico, fotos de cuerpos mutilados de las víctimas (eróticas o no), varios cráneos humanos (a menudo pintados de gris para dar la impresión de que el cráneo no era real), un suministro de cloroformo para aturdir a las víctimas y manos y penes cortados en agua fuerte.

Dahmer fue puesto en prisión preventiva con una fianza de un millón de dólares.

El juicio de Jeffrey Dahmer, su encarcelamiento y su muerte

El juicio penal de Dahmer comenzó el 30 de enero de 1992. Fue juzgado por 17 cargos de intento de asesinato, que finalmente se redujeron a 15. No se le acusó del intento de asesinato de Edwards, pues la justicia ya tenía suficiente con condenar a Dahmer a múltiples cadenas perpetuas.

Dahmer intentó defenderse alegando demencia, pero fue rechazado. Tras la condena de Dahmer a un total de 957 años de prisión, fue extraditado a Ohio en mayo de 1992, donde confesó el asesinato de Steven Hicks. Posteriormente, Dahmer se mostró arrepentido.

La policía alemana investigó si existía una relación entre Dahmer y una serie de asesinatos sin resolver durante su estancia en el servicio, en la que estuvo destinado en Alemania Occidental.

Hasta ahora no se ha encontrado tal relación. La policía de Florida investigó si Dahmer podría haber estado implicado en el asesinato de Adam Walsh en 1981, mientras estaba en Miami. El caso se cerró finalmente en 2008, y la policía de Florida concluyó que Ottis Toole era el autor más probable.

Dahmer se convirtió en un cristiano renacido en prisión tras leer material evangélico enviado por su padre. Fue bautizado por Roy Ratcliff.

En julio de 1994, Dahmer fue atacado con una navaja por un compañero en la capilla de la prisión, sufriendo heridas superficiales. Finalmente, a finales de 1994, Dahmer fue asesinado junto con otro recluso, Jesse Anderson, por su compañero Christopher Scarver.

A petición de su madre, su cerebro fue conservado para su posterior investigación. Su padre llevó a su madre a los tribunales por ello, para cumplir el deseo de Jeffrey Dahmer de ser incinerado. En 1995, seis meses después de la muerte de Jeffrey Dahmer, el padre fue reivindicado y el cerebro destruido.

5. Albert Fish

Años de actividad: 1924-1932
País: Estados Unidos
Asesinatos cometidos: 3 confirmados, más de 100 estimados
Castigo: Pena de muerte por electrocución

Hamilton Howard "Albert" Fish, nacido el 19 de mayo de 1870 y fallecido el 16 de enero de 1936, fue un asesino en serie estadounidense. También fue conocido como el Hombre Gris, el Hombre Lobo de Wysteria, el Vampiro de Brooklyn, el Maníaco de la Luna y el Hombre Boogey.

Fish era un pederasta y caníbal y en una ocasión se jactó de haber "tenido un niño en cada estado" y de haber tenido unos 100 niños. Sin embargo, no se sabe si con esto se refería a las violaciones o al canibalismo, ni tampoco se sabe si era la verdad.

También era sospechoso de al menos cinco asesinatos a lo largo de su vida. Fish confesó tres asesinatos y también confesó haber apuñalado a otras dos personas. Tuvo que comparecer ante el tribunal en relación con el secuestro y asesinato de Grace Budd y fue declarado culpable y ejecutado en la silla eléctrica.

La juventud de Albert Fish

Nacido en Washington D.C. el 19 de mayo de 1870 con el nombre de Hamilton Fish, era hijo de Randall (1795 - 16 de octubre de 1875) y Ellen (1838 - 1903) Fish. Su padre era estadounidense, de origen inglés; su madre era escocesa-irlandesa. Su padre era 43 años mayor que su madre y tenía 75 años cuando nació Albert. Era el hijo menor de ambos y tenía dos hermanos y una hermana: Walter, Annie y Edwin.

Quería llamarse "Albert", por un hermano ya fallecido, y porque quería deshacerse de su apodo "Ham & Eggs", que había adquirido en un orfanato.

La familia de Fish tenía un historial de enfermedades mentales. Su tío sufría de manía. Uno de sus hermanos había sido ingresado en un hospital psiquiátrico. A su hermana también le habían diagnosticado una "enfermedad mental". Otros tres miembros de la familia habían sido diagnosticados con enfermedades mentales y su madre tenía "alucinaciones auditivas y/o visuales".

En 1880, su madre había conseguido un trabajo en el gobierno y podía permitirse sacar a Fish del orfanato. En 1882, cuando tenía 12 años, empezó a salir con un repartidor de telégrafos. Esto introdujo a Fish en prácticas como la urolagnia (beber orina) y la coprofagia (comer excrementos).

En esta época, Fish también empezó a ir regularmente a los baños para ver a los chicos cambiarse de ropa. A lo largo de su vida, escribió cartas obscenas a mujeres cuyos nombres había encontrado en anuncios clasificados y agencias matrimoniales.

1890-1918: La juventud y el pasado delictivo

Alrededor de 1890, Fish llegó a Nueva York, donde se prostituyó y empezó a violar a chicos jóvenes. En 1898 fue casado por su madre con una mujer nueve años menor que él. Juntos tuvieron seis hijos: Albert, Anna, Gertrude, Eugene, John y Henry Fish.

En 1898 ya trabajaba como pintor de casas. Siguió acosando a los niños, especialmente a los menores de 6 años. Tras visitar un museo de cera donde había visto un pene amputado, se obsesionó con la mutilación sexual. En 1903 fue detenido por robo y condenado a prisión en Sing Sing.

Hacia 1910, mientras trabajaba en Wilmington, Delaware, Fish conoció a Thomas Kedden, de 19 años. Llevó a Kedden a su residencia y comenzó una relación sadomasoquista con él; no está claro si Fish obligó a Kedden a hacerlo, pero en su declaración Fish insinuó que Kedden tenía problemas mentales.

Al cabo de diez días, Fish llevó a Kedden a una "vieja granja" donde comenzó a torturarlo. Esto duró dos semanas. Finalmente, Fish ató a Kedden y le cortó la mitad del pene. "Nunca olvidaré su grito, ni la mirada que me dirigió", dijo posteriormente Fish en un comunicado. Aunque al principio pensó en matar a Kedden, temía que el clima cálido lo hiciera resaltar.

En su lugar, vertió peróxido sobre la herida y la ató con un pañuelo, dejó 10 dólares, se despidió de Kedden con un beso y se marchó. "Cogí el primer tren a casa. Nunca averigüé lo que le pasó y no lo intenté", dijo Fish.

En enero de 1917, la esposa de Fish lo dejó por otro. Fish tuvo que criar a sus hijos solo después de eso. Fish dijo más tarde que su ex mujer se había llevado todo lo que poseía. Comenzó a tener alucinaciones auditivas. En un momento dado, se enrolló en una alfombra porque supuestamente el apóstol Juan le había ordenado hacerlo.

Por aquel entonces, Fish empezó a automutilarse. Se clavó agujas en la entrepierna y en el bajo vientre. Tras su detención, el examen de rayos X mostró que Fish tenía al menos 29 agujas en la región pélvica. También se golpeó repetidamente con una paleta con pinchos y se introdujo lana empapada en combustible para encendedores en el ano y le prendió fuego. Aunque se cree que nunca agredió físicamente a sus hijos, sí les animaba a ellos y a sus amigos a golpearse las nalgas con la citada paleta. Pronto desarrolló una obsesión por el canibalismo, que se manifestaba, por ejemplo, en una cena consistente únicamente en carne cruda; a veces se la servía también a sus hijos.

1919-1930: La escalada hacia la locura

En algún momento de 1919, apuñaló a un chico con discapacidad mental en Georgetown, Washington D.C. Fish solía elegir víctimas discapacitadas mentales o afroamericanas, según sus propias palabras, porque pensaba que no las echaría de menos si las mataba. Fish maltrataba, mutilaba y asesinaba a niños pequeños con sus "herramientas del infierno": una cuchilla para cortar carne, un cuchillo de carnicero y una pequeña sierra de mano.

El 11 de julio de 1924, Fish se encontró con Beatrice Kiel, de 8 años, mientras jugaba en la granja de sus padres en Staten Island. Le ofreció dinero si le ayudaba a buscar ruibarbo. Ella estuvo a punto de ir con él, pero su madre ahuyentó a Fish. Fish se marchó pero más tarde volvió para intentar dormir allí. Fue encontrado por el padre, que le obligó a marcharse. En 1924, Fish, que ya tenía 54 años y sufría de psicosis, pensó que Dios le ordenaba torturar y mutilar sexualmente a los niños.

Poco antes de secuestrar a Grace Budd, Fish probó sus "herramientas del infierno" con Cyril Quinn, un niño del que abusó sexualmente. Quinn y su novio estaban jugando al aire libre cuando Fish se acercó y les preguntó si ya habían almorzado. Entonces los invitó a su casa a comer sándwiches. Mientras los chicos luchaban en la cama de Fish, el colchón se movió; debajo había un cuchillo, una pequeña sierra de mano y una cuchilla para cortar carne. Se asustaron tanto al verlos que huyeron del apartamento.

Bigamia

Fish se volvió a casar el 6 de febrero de 1930, en Waterloo, Nueva York, con Estella Wilcox, pero se divorciaron apenas una semana después. Fish fue arrestado en mayo de 1930 por "enviar una carta obscena a una mujer que había respondido a un anuncio para una limpiadora". Después de esto y de un posterior arresto en 1931, Fish fue enviado al Hospital Psiquiátrico Bellevue para su observación.

El asesinato de Grace Budd

El 25 de mayo de 1928, Fish vio un anuncio en el periódico dominical del New York World que decía: "Joven de 18 años busca trabajo en el campo.

Edward Budd, 406 West 15th Street". El 28 de mayo de 1928, Fish, que entonces tenía 58 años, fue a visitar a la familia Budd en Manhattan. Dijo que contrataría a Edward, pero más tarde admitió que pensaba atarlo, mutilarlo y dejarlo desangrarse. Se presentó como Frank Howard, un granjero de Farmingdale, Nueva York. Fish prometió contratar a Budd y a su amigo Willie y hacer que los recogieran unos días después. No se presentó, pero envió un mensaje disculpándose con la familia Budd y diciendo que vendría más tarde. Cuando regresó, Fish conoció a Grace Budd.

En ese momento, decidió elegir otra víctima e ir a por Grace. Se inventó la excusa de que tenía que ir a la fiesta de cumpleaños de una sobrina. Consiguió convencer a los padres de Grace para que la dejaran ir con él a la fiesta esa noche. Grace se marchó con Fish más tarde ese mismo día y no se la volvió a ver.

La policía detuvo al supervisor Charles Edward Pope, de 66 años, como sospechoso del caso el 5 de septiembre de 1930, tras ser señalado por su ex mujer. Pasó 108 días en prisión preventiva antes de la vista judicial del 22 de diciembre de 1930. Fue declarado inocente.

La carta anónima

En noviembre de 1934, los padres de la niña desaparecida recibieron una carta anónima que acabó conduciendo a la policía hasta Fish. La señora Budd no sabía leer y pidió a su hijo que leyera la carta en voz alta. La traducción de la carta es la siguiente:

Mi querida señora BuddEn 1894, un amigo mío trabajaba como marinero en el Tacoma, el capitán John Davis. Navegaban de San Francisco a Hong Kong China. Cuando llegaron allí, él y otros dos bajaron a tierra y tomaron una copa. Cuando volvieron, el barco había desaparecido. En ese momento había una hambruna en China.

Cualquier tipo de carne costaba entre 1 y 3 dólares la libra, por lo que los más pobres sufrían tanto que todos los niños menores de 12 años eran vendidos a los carniceros para que los trocearan y los convirtieran en comida para que los demás no murieran de hambre. Un niño o niña menor de 14 años no estaba seguro en las calles. Podías entrar en cualquier tienda y pedir un filete -chuletas- o un guiso. Te traían una parte del cuerpo desnudo de un niño o niña y sólo te cortaban ese trozo que querías. Los cuartos traseros del niño o la niña, que eran la parte más dulce del cuerpo y se vendían como chuletas de ternera, eran los más caros. Juan permaneció allí tanto tiempo que desarrolló el gusto por la carne humana.

Cuando volvió a N.Y. robó a dos niños, uno de 7 años y otro de 11. Los llevó a su casa los desvistió los ató en un armario y luego quemó todo lo que tenían puesto. Varias veces al día y por la noche los golpeaba, los torturaba, para que su carne fuera buena y tierna.

Mató primero al niño de 11 años, porque tenía el culo más grueso y, por supuesto, la mayor cantidad de carne. Se cocinó y se comió cada parte de su cuerpo, excepto la cabeza: los huesos y los intestinos. Fue asado en el horno, (todo su culo) hervido, cocido, horneado, guisado. El niño pequeño siguió, hizo lo mismo. En esa época vivía en el 409 E 100 St, atrás - derecha.

Me dijo tantas veces lo buena que era la carne humana que quise probarla. El domingo, 3 de junio - 1928, te llamé al 406 W 15 St. Llevé queso cottage - fresas para ti. Almorzamos. Grace se sentó en mi regazo y me besó. Decidí comerla, con la excusa de que la llevaba a una fiesta.

Dijiste que sí podía ir. La llevé a una casa vacía en Westchester que ya había elegido. Cuando llegamos, le dije que se quedara fuera. Ella recogió flores silvestres. Subí las escaleras y me quité toda la ropa. Sé que si no lo hacía me mancharía con su sangre. Cuando todo estuvo hecho me acerqué a la ventana y la llamé.

Entonces me escondí en un armario hasta que ella entró en la habitación. Cuando me vio desnudo empezó a llorar y trató de correr escaleras abajo. La agarré y me dijo que se lo diría a su madre.

Primero la desnudé sin importar lo mucho que pateara, mordiera y arañara. La asfixié hasta que estuvo muerta y luego la corté en trocitos para poder llevarme la carne a mi habitación, cocinarla y comerla.

Qué dulce y tierno, su culito estaba asado en el horno. Tardé 9 días en comerme todo su cuerpo. No me la follé, pero podría haberlo hecho si hubiera querido. Era virgen cuando murió.

La policía investigó la carta. La historia sobre el "Capitán Davis" y la "hambruna" en Hong Kong no pudo ser verificada. Sin embargo, la parte sobre el asesinato de Grace Budd resultó ser cierta en cuanto a la descripción del secuestro y los sucesos posteriores, aunque no fue posible establecer con certeza que Fish hubiera comido realmente partes del cuerpo de Grace.

La detención de Albert Fish

La carta se entregó en un sobre con un emblema hexagonal con las letras "N.Y.P.C.B.A. ," que significaba **"New York Private Chauffeur's Benevolent Association".** " Un conserje de la empresa dijo a la policía que se había llevado parte de la papelería, pero que la había dejado en su domicilio temporal del 200 de la calle 52 Este cuando se mudó.

El propietario confirmó que Fish se había alojado en la misma casa unos días antes. William F. King era el investigador principal del caso. Esperó en la casa a que Fish volviera. Fish aceptó ir con él a la comisaría para ser interrogado.

Fish no negó el asesinato de Grace Budd y dijo que había ido a la casa con la intención de matar a Edward Budd, el hermano de Grace. Fish dijo que "nunca se le ocurrió" violar a la chica, pero más tarde dijo a su abogado que tuvo dos eyaculaciones involuntarias mientras estaba agachado sobre el pecho de Grace para estrangularla.

Esta información se utilizó posteriormente en el juicio para afirmar que Fish había secuestrado a la niña con la intención de mantener relaciones sexuales para eludir la acusación de canibalismo.

Otros delitos descubiertos tras la detención de Fish

Francis McDonnell

La noche del 14 de julio de 1924, sus padres denunciaron la desaparición de Francis McDonnell, de 8 años, de Staten Island. Durante la búsqueda, su cuerpo fue encontrado colgado de un árbol cerca de su casa. Había sido violado y luego estrangulado con sus tirantes.

Según la autopsia, McDonnell también tenía grandes laceraciones en las piernas y en el bajo vientre y se le había desgarrado casi toda la carne del tendón izquierdo. Fish negó tener nada que ver con eso, pero más tarde dijo que había querido castrar al chico, pero que había huido cuando oyó que alguien se acercaba.

Los amigos de McDonnell dijeron que se lo había llevado un hombre mayor con bigote gris. Un vecino dio la misma descripción. La madre de Francis dijo que había visto a un hombre así caminando ese mismo día.

A partir de este caso, Fish conservó el apodo de "Hombre Gris" porque tenía el pelo y el bigote grises. El caso quedó sin resolver hasta después del asesinato de Grace Budd.

Billy Gaffney

El 11 de febrero de 1927, Billy Beaton, de 3 años, y su hermano de 12, estaban jugando en el apartamento de Billy Gaffney, de 4 años. El niño de 12 años salió del apartamento y los otros dos desaparecieron.

Beaton fue encontrado más tarde en el tejado del apartamento. Cuando le preguntaron qué le había pasado a Gaffney, Beaton dijo que "el hombre del saco se lo había llevado". El cuerpo de Gaffney nunca fue recuperado.

Al principio se sospechó del asesino en serie Peter Kudzinowski, pero alguien reconoció a Fish por una foto del periódico y dijo que lo había visto cerca del apartamento con un niño pequeño el 11 de febrero de 1927. El pequeño no tenía abrigo y lloraba por su madre. La descripción de Beaton del "hombre del saco" coincidía con la de Fish.

Más tarde se determinó que Fish trabajaba como pintor no muy lejos del apartamento donde vivía Gaffney el día del secuestro. Fish escribió lo siguiente al respecto en una carta a su abogado:

Lo llevé a los basureros de la avenida Riker. Hay una casa allí que está sola, no muy lejos de donde lo llevé... Llevé al chico G allí. Lo desnudé y le até las manos y los pies y lo amordacé con un trozo de trapo sucio que cogí del cubo de la basura. Luego quemé su ropa.

Tiré sus zapatos al cubo de la basura. Luego volví caminando y tomé el tranvía hasta la calle 59 a las 2 de la mañana y desde allí caminé a casa. Al día siguiente, sobre las 2 de la tarde, cogí herramientas, un buen látigo pesado. Hecho en casa. De mango corto. Corté uno de mis cinturones en dos, corté esta mitad en seis tiras de unos 20 cm de largo. Le azoté el trasero desnudo hasta que la sangre salió de sus piernas.

Le corté las orejas, la nariz y la boca de oreja a oreja. Le saqué los ojos. Entonces estaba muerto. Le clavé el cuchillo en el vientre y mantuve mi boca cerca de su cuerpo y bebí su sangre. Cogí cuatro sacos de patatas viejos y recogí algunas piedras.

Luego lo corté en pedazos. Tenía una bolsa conmigo. Puse su nariz, orejas y algunos cortes de su vientre en la bolsa. Luego lo corté por la mitad de su cuerpo. Justo debajo de su ombligo. Luego a través de sus piernas a unos 5 cm. [5 cm] por debajo de su trasero. Hice esto en la bolsa con un montón de papel. Corté la cabeza - los pies - los brazos - las manos y las piernas por debajo de la rodilla. Puse esto en bolsas lastradas con piedras, até los extremos y lo arrojé a los charcos de agua viscosa que se ven a lo largo del camino a North Beach. El agua tiene entre 90 y 120 cm de profundidad.

Se hundieron inmediatamente. Volví a casa con mi carne. Tenía la parte delantera de su cuerpo que más me gustaba. Su "mono y pipí" y un bonito y grueso cuarto trasero para asar en el horno y comer. Hice un guiso con las orejas, el morro, trozos de la cara y la barriga. Le puse cebollas, zanahorias, nabos, apio, sal y pimienta. Estaba delicioso.

Luego abrí las nalgas, le corté sus "monos y pipis" y los lavé primero. Puse tiras de tocino en cada nalga y las metí al horno. Luego agarré 4 cebollas y cuando la carne se había asado como 1/4 de hora, le puse como medio galón de agua para la salsa y le puse las cebollas. Golpeé su parte trasera con una cuchara de madera muy a menudo.

Para que la carne esté bien y jugosa. En unas 2 horas, estaba bien y dorado, bien cocido. Nunca comí un pavo que supiera tan bien como su dulce y gorda parte trasera. Me comí toda la carne en unos 4 días. Su pequeño "mono" era dulce como una nuez, pero sus "pipis" no los pude masticar. Los tiré por el retrete.

Elizabeth Gaffney, la madre de Billy, visitó a Fish en Sing Sing. Fish no quiso hablar con ella. Después de dos horas, se dio por vencida. No estaba convencida de que Fish hubiera matado a su hijo.

Juicio y ejecución de Albert Fish

El juicio de Fish por el asesinato de Grace Budd comenzó el 11 de marzo de 1935 en White Plains, Nueva York. El caso duró 10 días. Fish quiso ser declarado demente y afirmó haber escuchado voces que le decían que matara a los niños. Varios psiquiatras testificaron a favor de los fetiches sexuales de Fish, incluyendo el sadismo, el masoquismo, el cunnilingus, el anilingus, la felación, la flagelación, el exhibicionismo, el voyeurismo, el piquerismo, el canibalismo, la coprofagia, la urolagnia, la pedofilia y la infibulación.

Su abogado declaró que Fish era un "fenómeno psiquiátrico" y que nunca había habido nadie con tantas desviaciones sexuales.

Durante el juicio, la defensa llamó a un testigo que explicó la obsesión de Fish por la religión, y concretamente por la historia de Abraham e Isaac (Génesis 22:1-24). Fish creía que, como en la historia, debía "sacrificar" a un niño como expiación por sus propios actos y que los ángeles lo impedirían si Dios no lo aprobaba. Aunque sabía que Grace era una niña, se sospecha que Fish la veía como un niño. También se explica el canibalismo de Fish, como una forma de comunión.

Los testigos de la acusación declararon que Fish era un desviado pero sano. También dijeron que la coprofilia, la urolagnia y la pedofilia no eran signos de una "enfermedad mental" y que tales perversiones eran más comunes y que Fish no era "diferente a otros millones de personas."

Otra testigo fue Mary Nicholas, la hijastra de 17 años de Fish. Describió cómo Fish les había enseñado a ella y a sus hermanos varios juegos masoquistas, que también incluían algún tipo de insinuación de violación infantil.

Todos los miembros del jurado estuvieron de acuerdo en que Fish estaba loco, pero pensaron que aún así debía ser ejecutado. Por lo tanto, se le declaró culpable y culpable y el juez le impuso la pena de muerte.

Fish ingresó en prisión en marzo de 1935 y fue ejecutado en la silla eléctrica de Sing Sing el 16 de enero de 1936.

Entró en la habitación a las 23:06 y fue declarado muerto tres minutos después. Sus últimas palabras fueron, al parecer, **"no sé ni por qué estoy aquí"**.

6. John Wayne Gacy

Años de actividad: 1972-1978
País: Estados Unidos
Asesinatos cometidos: 33 confirmados
Castigo: Sentencia de muerte por inyección letal

John Wayne Gacy Jr. nacido en Chicago Illinois, el 17 de marzo de 1942 y fallecido en Joliet, Illinois, el 10 de mayo de 1994 fue un asesino en serie estadounidense. Fue condenado y posteriormente ejecutado por la violación y el asesinato de 33 niños y hombres, 29 de los cuales había enterrado en su sótano entre 1972 y 1978. Gacy era famoso bajo los nombres de Payaso Asesino o Pogo el Payaso por disfrazarse de payaso para entretener a los niños en las fiestas.

La juventud de John Wayne Gacy

Gacy nació como el mediano de tres hijos (tenía una hermana mayor y otra menor). Su padre, John Wayne Gacy Senior, era alcohólico y abusaba del joven John Wayne que, a sus ojos, sólo era un debilucho porque, entre otras cosas, no le gustaba pescar ni cazar. Gacy (y sus hermanas) asistieron a escuelas católicas y también fueron criados como católicos. De niño, Gacy estaba fascinado con la policía y más tarde quiso ser policía. A los once años, recibió un golpe en la nuca con un columpio. A partir de entonces, siguió sufriendo "desmayos" hasta que, a los diecisiete años, se determinó que el accidente había provocado un coágulo de sangre, que se remedió con medicamentos.

Los años intermedios

Gacy se trasladó a Las Vegas y allí se enfrentó por primera vez a la ley cuando fue detenido, junto con otras personas, por varios robos en negocios.

Tras su breve estancia en Las Vegas, Gacy comenzó a trabajar como vendedor de zapatos en Springfield, donde se convirtió en un destacado miembro de los Jaycees. En 1964, Gacy se casó y se trasladó a Waterloo, Iowa, donde se hizo cargo de un restaurante de Kentucky Fried Chicken que pertenecía a sus suegros. Tuvo dos hijos.

Los primeros signos

En 1968, Gacy conducía hacia su casa cuando se encontró con Donald Voorhees, de quince años, en la calle. Conocía a Voorhees a través de su padre, que también era miembro de los Jaycees.

Invitó al chico a su casa, donde su mujer seguía en el hospital tras dar a luz a su segundo hijo. Una vez en casa, emborrachó al chico, empezó a hablarle de sexo y le propuso ver una película porno.

Esto eventualmente condujo al sexo oral. Tras el suceso, Gacy intentó sobornar y amenazar a Voorhees, diciendo entre otras cosas que tenía conexiones con la mafia. Sin embargo, el chico lo contó todo a la policía y Gacy fue detenido por sodomía. Durante el juicio, se presentaron más chicos que afirmaron haber sido abusados por Gacy. Finalmente fue condenado a diez años de prisión, de los que sólo cumplió dieciséis meses por buena conducta.

Tras su condena, su mujer le abandonó y se llevó a sus dos hijos. Gacy nunca los volvió a ver. Además, el padre de Gacy murió mientras él estaba encarcelado. Gacy, que amaba profundamente a su padre a pesar de todo, estaba convencido de que había muerto por la vergüenza de tener a su hijo.

Su carrera como el payaso Pogo

Tras su liberación, Gacy volvió a Chicago y se instaló con su madre. Poco después, Gacy se casó de nuevo y su mujer y sus dos hijas se mudaron con él, obligando a su madre a mudarse. Se convirtió en miembro activo del Partido Demócrata e incluso conoció a la primera dama Rosalynn Carter. A Gacy también le gustaba disfrazarse del payaso "Pogo" y actuar en fiestas infantiles y hospitales. La carrera social de Gacy floreció y creó una exitosa empresa de contratación.

Posteriormente, el vínculo entre las actuaciones de los payasos y los asesinatos se establecería, en parte, por el personaje basado en Gacy, Pennywise el payaso, del libro de Stephen King "It". En realidad, las actuaciones y los asesinatos no estaban relacionados y Gacy no cometió ningún asesinato vestido de payaso ni utilizó su alias de Pogo para facilitar los asesinatos.

El principio del fin

Mientras tanto, Gacy volvió a entrar en contacto con la policía porque un niño había denunciado abusos sexuales. Como el niño no siguió con la denuncia, Gacy salió impune. El matrimonio también estaba llegando lentamente a su fin. Sexualmente no era gran cosa, pero se volvió insoportable para su esposa cuando encontró pornografía homoerótica y Gacy declaró que era bisexual y que ya no estaba dispuesto a acostarse con su mujer.

Cuando su segundo matrimonio se rompió en 1976, Gacy empezó a buscar chicos con más libertad. Por ejemplo, intentó seducir a un chico que trabajaba para él. Al fracasar la primera vez, intentó engañarlo por segunda vez con un truco de magia. Estos trucos se convertirían en su marca registrada. Gacy hizo que el chico se pusiera las esposas y luego le dijo que el truco consistía en quitárselas sin llave. Sin embargo, el chico, sin confiarse, consiguió quitarse las esposas y escapar. Gacy no permitiría que eso se repitiera.

La desaparición de Robert Piest

En diciembre de 1978, Robert Piest, de quince años, desapareció. Fue visto por última vez en la farmacia donde trabajaba. Cuando se fue, dijo que iba a hablar con un contratista sobre un trabajo.

Esto condujo a la policía hasta Gacy, que fue invitado a un interrogatorio. Después de cancelar varias veces, Gacy finalmente apareció y dio una negación, supuestamente sólo ofreciendo el trabajo del niño.

Tras la búsqueda, el detective Joseph Kozenczak no encontró ningún rastro de Piest, pero sí objetos personales de los chicos desaparecidos y un recibo de una foto de la farmacia donde Piest había trabajado. Se sospechaba que Gacy debía saber más sobre estas desapariciones, pero no había pruebas contundentes.

Se decidió poner al hombre en observación durante 24 horas. Esto provocó tensiones en Gacy, pero también extraños enfrentamientos. Por ejemplo, Gacy invitó al equipo de observación a cenar a su casa.

Durante esa cena, los agentes percibieron un extraño olor acre en la casa, que uno de ellos reconoció más tarde como el olor que desprende una morgue. Gacy también habló con orgullo de sus actuaciones como "Pogo" y añadió: "Ya saben que un payaso puede salirse con la suya".

Escondido en el espacio de arrastre bajo la casa de Gacy

El 22 de diciembre de 1978, Gacy pasó por delante de unos amigos para despedirse. El equipo de observación temió que fuera una señal de que Gacy había sucumbido a la presión y quería suicidarse. A uno de sus amigos le dio también una bolsa de hachís. Luego condujo hasta el despacho de su abogado, donde permaneció toda la noche.

En el proceso, confesó haber cometido 33 asesinatos, el primero de ellos ya en enero de 1972. Al mismo tiempo, la policía pudo detener a Gacy por posesión de hachís y se emitió una orden de registro.

Durante la búsqueda, pronto se encontraron restos humanos en el sótano de la casa de Gacy y, ante esto, Gacy hizo una declaración confesional. A la policía, que también seguía buscando a Piest, le dijo que había arrojado el cuerpo de Piest al río.

La razón por la que Gacy había reprogramado su cita para declarar era que necesitaba tiempo para deshacerse del cadáver.

Las víctimas

Al parecer, Gacy llevaba años atrayendo a niños y hombres a su casa. La mayoría de sus víctimas eran prostitutas masculinas; otras las había contratado Gacy a lo largo del tiempo en su empresa de contratación. Ninguno de los hombres desaparecidos destacaba mucho porque los chicos a menudo se habían escapado de casa o llevaban una existencia errante. El propio Gacy consideraba a sus víctimas como escoria y sentía que había hecho un servicio al mundo. Esto se debía en parte a que despreciaba a los homosexuales (y, por tanto, a sí mismo), mientras que varios chicos aceptaban voluntariamente (posiblemente a cambio de un pago) sus insinuaciones sexuales. Gacy restó importancia a sus actos diciendo que en realidad sólo se le podía condenar por dirigir una funeraria sin licencia.

Gacy a veces utilizaba el cloroformo si la víctima no estaba dispuesta desde el principio, otras veces utilizaba el mencionado "truco de las esposas". Su método de asesinato favorito era el "truco de la cuerda", en el que colocaba un lazo alrededor del cuello de su víctima y luego apretaba el nudo varias veces hasta que ésta se asfixiaba. A menudo Gacy sugería que era un agente de policía y en los registros se encontraron varias placas de policía. Para intimidar aún más a sus víctimas, a veces decía que tenía conexiones con la mafia.

Ocho de los cuerpos no fueron identificados parcialmente hasta más tarde. Finalmente, en abril de 1979, el cuerpo de Robert Piest fue dragado del río.

Los nombres de las víctimas conocidas (con edad y fecha de desaparición):

- Timothy McCoy (18) - 3 de enero de 1972
- John Butkovitch (17) - 21 de julio de 1975
- Darrell Sampson (18) - 6 de abril de 1976
- Randall Reffett (15) - 14 de mayo de 1976

- Sam Stapleton (14) - 14 de mayo de 1976
- Michael Bonnin (17) - 3 de junio de 1976
- William Carroll (16) - 13 de junio de 1976
- James Haakenson (16) - 6 de agosto de 1976
- Rick Johnston (17) - 6 de agosto de 1976
- Kenneth Parker (16) 24 de octubre de 1976
- Michael Marino (14) 24 de octubre de 1976
- William Bundy (19) - 26 de octubre de 1976
- Gregory Godzik (17) - 12 de diciembre de 1976
- John Szyc (19) - 20 de enero de 1977
- Jon Prestidge (20) - 15 de marzo de 1977
- Matthew Bowman (19) - 5 de julio de 1977
- Robert Gilroy (18) - 15 de septiembre de 1977
- John Mowery (19), 25 de septiembre de 1977
- Russell Nelson (21), 17 de octubre de 1977
- Robert Winch (16), 10 de noviembre de 1977
- Tommy Boling (20), 18 de noviembre de 1977
- David Talsma (19), 9 de diciembre de 1977
- William Kindred (19), 16 de febrero de 1978
- Timothy O'Rourke (20), junio de 1978
- Frank Landingin (19), 4 de noviembre de 1978
- James Mazzara (21), 24 de noviembre de 1978
- Robert Piest (15), 11 de diciembre de 1978

El juicio y la ejecución de Gacy el "payaso asesino"

El 6 de febrero de 1980 comenzó el juicio del "Payaso asesino" en Chicago. Gacy declaró que no era culpable de los asesinatos, que se consideraba loco y su abogado lo especificó añadiendo que eso era cierto en los momentos en que se cometieron los asesinatos. Se llamó a una batería de testigos para apoyar la afirmación, entre ellos la madre y la hermana de Gacy. Sin embargo, fue inútil y Gacy fue condenado a muerte.

Durante los catorce años que Gacy tuvo que esperar para ser ejecutado, comenzó a pintar (sobre todo payasos y Blancanieves y los siete enanitos) y escribió un libro, "Una cuestión de duda", en el que afirmaba que era inocente y víctima de una conspiración contra él.

El 10 de mayo de 1994, Gacy fue ejecutado por inyección letal en la prisión de Joliet, en la ciudad de Joliet. Como última comida, eligió pollo frito, gambas fritas, patatas fritas y fresas. La ejecución atrajo a una multitud de personas, que se manifestaron fuera de las instalaciones y vitorearon cuando Gacy fue declarado muerto. También se vendieron todo tipo de artículos de Gacy, como camisetas.

La ejecución de Gacy no fue del todo impecable; los productos químicos utilizados para la inyección letal se mezclaron tanto que se aglutinaron y Gacy tardó 27 minutos en morir realmente. Esto llevó al Estado de Illinois a adoptar un método diferente de inyección letal.

Las últimas palabras de Gacy dieron a entender que matarlo no reviviría a ninguna de las víctimas y sus últimas palabras fueron "Puedes besarme el culo", dichas al guardia que lo escoltó a la sala de ejecución.

El perfil psicológico

Algunos han señalado que sus acciones fueron el resultado de su mala relación con su padre alcohólico, de sus dolores de cabeza y de los desmayos que sufría en su juventud. También se especula con la posibilidad de que el hecho de señalar como víctimas a niños y hombres jóvenes, a los que Gacy llamaba "maricones y gamberros despreciables", fuera una expresión del odio subconsciente de Gacy hacia su propia homosexualidad.

Gacy afirmaba odiar a los homosexuales y a los hombres que se comportaban así, y dijo a la policía que era bisexual "¡todavía tengo un poco de orgullo!"

Tras su ejecución, el cerebro de Gacy fue extraído y examinado por la Dra. Helen Morrison, que había entrevistado a Gacy y a otros asesinos en serie con el objetivo de destilar una personalidad común de los asesinos en serie.

Un examen realizado por el psiquiatra forense contratado por sus abogados no reveló ningún síntoma cerebral anormal. Morrison argumentó que Gacy no se ajustaba al perfil psicológico identificado en otros asesinos en serie, y que sus motivos no podían explicarse psicológicamente.

Sin embargo, la Dra. Morrison se desacreditó cuando se descubrió que muchas de sus conclusiones se basaban en inexactitudes y no pudo cumplir su afirmación de haber entrevistado a más de 80 asesinos.

7. Donald Henry Gaskins

Años de actividad: 1953-1982
País: Estados Unidos
Asesinatos cometidos: 9 confirmados, 110 estimados
Castigo: Pena de muerte por electrocución

Donald Henry "Pee Wee" Gaskins, Jr. nacido en el condado de Florence, el 13 de marzo de 1933 y fallecido en Columbia, el 6 de septiembre de 1991 fue un asesino en serie estadounidense.

Los antecedentes de Donald Henry Gaskins

Gaskins nació en el condado de Florence (Carolina del Sur) y pasó gran parte de su infancia en un reformatorio.

De adulto, su complexión menuda (1,70 metros, de ahí su apodo) le convertiría en un buen objetivo para los abusos físicos y sexuales en la cárcel.

De niño, Gaskins era un escolar pobre y un delincuente, culpable de cometer varios hurtos. Durante un robo, golpeó a una mujer en la cabeza con un hacha y la dejó gravemente herida, pero ella sobrevivió. Gaskins se casó por primera vez en 1951, a los dieciocho años, y fue padre de una hija menos de un año después. Tras salir de la escuela disciplinaria, Gaskins empezó a cometer fraudes a las aseguradoras.

Fue detenido y acusado de intento de asesinato tras atacar a una adolescente con un martillo. La chica supuestamente insultó a Gaskins. Gaskins fue condenado a seis años de prisión en la Institución Judicial Central. Durante este encarcelamiento, su mujer se divorció de él.

Su primer asesinato

Gaskins cometió su primer asesinato mientras cumplía su condena en prisión en 1953, cuando degolló a una compañera de prisión llamada Hazel Brazell con una cuchilla de afeitar. Gaskins afirmó que lo había hecho para ganar dinero y una formidable reputación entre sus compañeros de prisión. Se decidió que Gaskins habría actuado en defensa propia y fue condenado a otros tres años de prisión.

Gaskins se escapó de la cárcel en 1955 escondiéndose en el cargador trasero de un camión de la basura y huyó a Florida, donde fue contratado en una feria ambulante. En agosto de 1961 fue detenido de nuevo, volvió a la cárcel y salió en libertad condicional.

Segunda detención y posteriores asesinatos

Tras salir de la cárcel, Gaskins volvió a casarse, pero también volvió a cometer robos y malversaciones. Dos años después de su libertad condicional, Gaskins fue detenido por la violación de una niña de doce años. Mientras esperaba el juicio, huyó, pero fue detenido de nuevo en Georgia y condenado a ocho años de prisión.

Gaskins fue puesto en libertad condicional en noviembre de 1968. Tras su liberación, Gaskins se trasladó a la ciudad de Sumter y comenzó a trabajar en una empresa de construcción. En septiembre de 1969, Gaskins cometió una serie de asesinatos de autoestopistas que recogió mientras conducía por las carreteras de las zonas costeras del sur de Estados Unidos.

Designó estos asesinatos como Asesinatos de la Costa: personas, tanto hombres como mujeres, a las que mataba por puro placer una vez cada seis semanas de media, para calmar su aburrimiento. Torturaba y mutilaba a sus víctimas para mantenerlas con vida el mayor tiempo posible.

Confesó detalladamente todos sus asesinatos y los métodos de tortura asociados, incluyendo apuñalamiento, asfixia y mutilación, e incluso afirmó haber canibalizado a algunas de ellas. También confesó posteriormente haber matado a un total de entre ochenta y noventa de estas víctimas, aunque esta cifra nunca se ha confirmado.

En noviembre de 1970, Gaskins fue culpable de su primer asesinato grave: personas que conocía y a las que mató por motivos personales. Las primeras víctimas que entraron en esa categoría fueron su propia sobrina, Janice Kirby, de 15 años, y su amiga Patricia Ann Alsbrook, de 17, a las que mató a golpes en Sumter, Carolina del Sur, tras un intento fallido de abuso sexual.

Los graves asesinatos posteriores se cometieron por diversos motivos: porque se habían burlado de Gaskins, porque habían intentado chantajearle, porque le debían dinero, porque le habían robado o porque Gaskins había sido pagado para matar a su víctima.

A diferencia de sus matanzas en la costa, Gaskins empleó en éstas un método algo más sencillo, generalmente a base de disparos, antes de enterrarlas en las zonas costeras de Carolina del Sur.

La última detención

Gaskins fue detenido el 14 de noviembre de 1975 cuando una asociación delictiva llamada Walter Neeleman confesó a la policía que había sido testigo del asesinato de dos jóvenes llamados Dennis Bellamy, de 28 años, y Johnny Knight, de 15.

Neeleman también confesó que Gaskins le había dicho que había matado a varias personas que habían sido dadas por desaparecidas en los últimos cinco años. También le había dicho dónde los había enterrado. El 4 de diciembre de 1975, Gaskins condujo a la policía a un terreno de su propiedad en Prospect. Allí la policía descubrió los cuerpos de ocho de sus víctimas.

El encarcelamiento de Gaskins

El 24 de mayo de 1976, Gaskins fue juzgado por ocho cargos de asesinato, declarado culpable y condenado a muerte cuatro días después, el 28 de mayo, que posteriormente fue conmutada por cadena perpetua.

El 2 de septiembre de 1982, Gaskins cometió otro asesinato, por el que se le concedió el título de hombre más común de América. Mientras estaba encerrado en un bloque de celdas de alta seguridad en la Institución Correccional de Carolina del Sur, mató al preso condenado a muerte, Rudolph Tyner.

Tyner fue encarcelado por el asesinato de una pareja de ancianos llamada Bill y Myrtle Moon durante un robo a mano armada fallido en su tienda.

Gaskins fue contratado por Tony Cimo, hijo de Myrtle Moon, para cometer este asesinato. Al principio, Gaskins hizo varios intentos infructuosos de matar a Tyner envenenando su comida y su bebida, antes de optar por utilizar explosivos para matarlo.

Para conseguirlo, Gaskins conectó un dispositivo similar a una radio portátil al móvil de Tyner y le dijo que eso les permitiría comunicarse entre ellos.

Cuando Tyner siguió las instrucciones de Gaskins y sostuvo el dispositivo (cargado con un explosivo plástico C-4, sin que Tyner lo supiera) junto a su oreja a la hora acordada, Gaskins encendió el explosivo en su celda y lo mató. Gaskins dijo más tarde: "Lo último que oyó Tyner fue mi risa. "Gaskins fue juzgado por el asesinato de Rudolph Tyner y condenado a muerte.

La verdad sobre la vida de Donald Gaskins

En el corredor de la muerte, Gaskins contó la historia de su vida a un periodista llamado Wilton Earle. Al hacerlo, confesó haber cometido entre 100 y 110 asesinatos. Uno de ellos fue el de Margaret "Peg" Cuttino, la hija de 12 años del entonces senador estatal de Carolina del Sur James Cuttino, Jr. de Sumter.

Sin embargo, las fuerzas del orden no pudieron verificar todas sus afirmaciones. En su autobiografía, Final Truth, Gaskins escribió que tenía "un espíritu especial" que le había dado "permiso para matar". "

Antes de su detención, Gaskins era amigo de la personalidad de YouTube Charles Green, alias El Abuelo Enfadado. Tras la ejecución de Gaskins, Green visitó la prisión para ver la celda de Gaskins. La celda tenía un pentagrama dibujado en el suelo con el nombre de Green escrito en él. Green afirma que no conocía la verdadera naturaleza de Gaskins.

La ejecución de Gaskins se llevó a cabo el 6 de septiembre de 1991 a la 1:10. Fue la cuarta persona ejecutada desde que se reinstauró la pena de muerte en Carolina del Sur en 1977.

Horas antes de ser escoltado a la silla eléctrica en el centro penitenciario de Broad River, Gaskins intentó suicidarse cortándose las muñecas con una cuchilla de afeitar que se había tragado una semana antes y que había vuelto a toser ese mismo día.

8. Ed Gein

Años de actividad: 1953-1982
País: Estados Unidos
Asesinatos cometidos: 2 confirmados, 9 cadáveres mutilados
Castigo: Pena de muerte por electrocución

Edward (Ed) Theodore Gein nacido en La Crosse, Wisconsin, el 27 de agosto de 1906 y fallecido en Madison, Wisconsin, el 26 de julio de 1984 fue un asesino y ladrón de tumbas estadounidense. Debido a que cometió menos de tres asesinatos, no se le puede definir exactamente como un asesino en serie, pero debido a la parton de sus crímenes, hemos decidido escribir también sobre él.

Varias historias y películas de terror se han basado en sus acciones, como **Psicosis, El silencio de los corderos** y **La matanza de Texas.**

La juventud de Ed Gein

Gein creció en una familia de cuatro miembros: un padre agresivo y alcohólico (George) que estaba regularmente desempleado, una madre muy dominante y religiosa (Augusta), y su hermano, Henry. Henry murió a una edad temprana y nunca ha quedado claro si Ed fue responsable de su muerte.

Según la policía, Henry murió en un incendio en la propiedad de la familia (en la esquina de Archer ave y 2nd ave, Plainfield). Aunque Ed le dijo a la policía que no sabía nada de todo el suceso, igualmente condujo a la policía directamente al cuerpo de Henry.

Durante su infancia, su madre fue una gran influencia para Gein. Era muy religiosa y leía el Antiguo Testamento todos los días (sobre la muerte, el asesinato y el castigo de Dios por lo malo que hace una persona). Su padre y su hermano murieron, así que cuando su madre también murió en 1945, Gein se quedó solo. Como Gein se había hecho dependiente de su madre, con la que tenía una relación de amor-odio, lloró como un niño en su funeral.

Tras el funeral de su madre, tapió las ventanas y puertas del piso de arriba, el salón y el dormitorio de su madre. Vivía en el otro dormitorio, la cocina y el granero.

Los primeros signos de su locura

En la escuela, Gein era un marginado. Tenía un coeficiente intelectual medio, pero su madre no le permitía relacionarse con sus compañeros. Cuando intentaba hacerlo, su madre le insultaba y le menospreciaba. Durante su infancia sufrió mucho acoso. Por ello, Gein no estaba bien desarrollado socialmente-emocionalmente. La agresividad de su madre se sumó a esto. Más adelante, la soledad llevó a Gein a la locura.

Estaba ansioso por resucitar a su madre y empezó a hacer estudios de anatomía. También leyó libros sobre los experimentos en los campos de concentración durante la Segunda Guerra Mundial. Entonces leyó en el periódico que ese día habían enterrado a una mujer. Pidió a su amigo Gus que se uniera a él para desenterrar el cadáver y utilizarlo para "experimentos médicos".

Durante los diez años siguientes hizo lo mismo. Todos los días buscaba en el periódico mujeres fallecidas y las desenterraba esa misma noche. Utilizaba la piel y los huesos para todo tipo de objetos y los músculos y órganos los guardaba en la nevera para comerlos después.

Gein no tenía ninguna experiencia sexual y confundía sus sentimientos por lo femenino con el deseo de convertirse él mismo en una mujer. Pensó en castrarse a sí mismo, pero finalmente decidió que un traje de piel de mujer con pechos y vagina lo hacía suficientemente femenino. Para satisfacer su creciente deseo de cuerpos femeninos, empezó a vaciar tumbas "frescas" para adornarse con prendas hechas con piel de los cadáveres femeninos exhumados.

Gein se volvió cada vez más hábil en la elaboración de la piel, haciendo, entre otras cosas, un cinturón con cucharas de mujer y tambores forrados con piel de mujer, al tiempo que utilizaba cráneos como adornos y como vasos para beber.

Los asesinatos de Ed Gein

El 10 de diciembre de 1954, Gein cometió su primer asesinato. La víctima fue Mary Hogan, de 54 años. Poco después del asesinato de su segunda víctima (Bernice Worden, asesinada el 16 de noviembre de 1957), el sheriff lo localizó. Se registró la casa de Gein, donde se encontraron cuerpos y objetos. Gein sostuvo que se limitaba a "decorar" su casa, y que no practicaba la necrofilia ni el canibalismo.

Sin embargo, confesó el doble asesinato. Se encontraron muchos objetos, entre ellos: un cuerpo femenino colgado boca abajo (la cabeza, el ano y la vagina habían sido retirados y había una grieta en el pecho desde la vagina hasta el cuello), dos espinillas, cuatro narices humanas, un tambor hecho con piel de mujer, cuencos hechos con cráneos, nueve máscaras hechas con piel humana real, diez cabezas de mujer con la parte superior serrada, una caja de zapatos con nueve vaginas curtidas, incluida la de su madre, una cabeza humana colgada, dos cabezas reducidas, dos calaveras sobre su cama, dos labios colgados de una cuerda y el corazón de una de sus víctimas. La policía sospecha que es autor de más asesinatos, ya que las nueve vaginas bronceadas no pueden relacionarse con los cadáveres enterrados, pero no puede probar nada más.

Gein fue declarado demente y pasó el resto de su vida en clínicas de TBS. El 26 de julio de 1984 murió en el Hospital Estatal de Waupan.

9. H.H. Holmes

Años de actividad: 1888-1894
País: Estados Unidos
Asesinatos cometidos: 9 confirmados, más de 200 estimados
Castigo: Sentencia de muerte en la horca

Herman Webster Mudgett, nacido en Gilmanton, New Hampshire, el 16 de mayo de 1861, y fallecido en Filadelfia, Pensilvania, el 7 de mayo de 1896, más conocido como Dr. Henry Howard Holmes, fue uno de los primeros asesinos en serie documentados en el sentido moderno del término.

En Chicago, durante la Feria Mundial de 1893, Holmes inauguró el Hotel de la Feria Mundial, que había diseñado y construido con el propósito específico de cometer asesinatos en él.

Aunque finalmente confesó 27 asesinatos, nueve de los cuales han sido confirmados, el número real de asesinatos cometidos por Holmes podría rondar los 200.

La juventud de H.H. Holmes

Mudgett nació el tercero de una familia de cuatro hijos. El 4 de julio de 1878 se casó con Clara Lovering en Alton, New Hampshire. Su hijo Robert Lovering Mudgett nació el 3 de febrero de 1880.

En 1882 comenzó a estudiar medicina en el Departamento de Medicina y Cirugía de la Universidad de Michigan. Durante sus estudios, robó y mutiló cadáveres del laboratorio de la universidad, para luego suscribir pólizas de seguro de vida sobre los individuos y reclamar el dinero del seguro bajo falsos pretextos cuando los individuos habían muerto en accidentes. Después de esto, se trasladó a Chicago para iniciar una carrera como farmacéutico. Por esta época, Mudgett inició muchas prácticas turbias, negocios inmobiliarios y promocionales bajo el nombre de H.H. Holmes.

El 28 de enero de 1887, se casó con Myrta Belknapp cuando aún estaba casado con Clara. Unas semanas después solicitó el divorcio, pero nunca se concretó oficialmente. Con Myrta tuvo una hija, Lucy Theodate Holmes, el 4 de julio de 1889.

El 17 de enero de 1894, Holmes se casó por tercera vez, esta vez con Georgiana Yoke, mientras seguía oficialmente casado con Clara y Myrta. También mantuvo otra relación con Julia Smythe, la esposa de uno de sus antiguos empleados. Julia se convertiría más tarde en una de las víctimas de Holmes.

Chicago y el "Castillo de los Asesinos"

En 1886, Holmes se instaló en Chicago y trabajó en la farmacia de la Dra. Elizabeth S. Holton. Tras la muerte de su marido, Holmes se hizo cargo de la tienda de la Dra. Holton. Más tarde, Holmes compró un terreno frente a la farmacia y construyó su castillo, como lo llamaba la gente del barrio.

El nombre del edificio era World's Fair Hotel y se inauguró como posada para la Feria Mundial de 1893. La primera planta del castillo ocupaba la propia farmacia reubicada de Holmes y varias tiendas más, mientras que las dos plantas superiores, junto a su despacho personal, contenían un laberinto de cien habitaciones sin ventanas con pasillos de formas extrañas hasta paredes sin salida, escaleras que no llevaban a nada, puertas que sólo podían abrirse desde el exterior y otras estructuras extrañas y laberínticas.

Holmes cambió de contratista con frecuencia durante la construcción del castillo, por lo que era el único que conocía la disposición del extraño edificio.

Durante la construcción del Castillo, Holmes conoció a Benjamin Pitezel, un hombre con antecedentes penales que trabajaba como carpintero en el edificio. Pitezel sería utilizado por Holmes como ayudante en sus crímenes. Holmes tenía preferencia por las víctimas femeninas, a las que convertía entre su personal (*para el que contrataba un seguro de vida pagado por Holmes, del que era beneficiario y que se incluía como disposición extra en su contrato*), amantes e invitados.

Algunas de ellas fueron encerradas en habitaciones insonorizadas conectadas a conductos de gas abiertos y luego gaseadas. Otras víctimas fueron encerradas en una enorme caja de fuego cerca de su oficina, en la que se les dejó asfixiar. Holmes podía entonces escuchar el pánico y los gritos de sus víctimas mientras se asfixiaban.

Los cuerpos de sus víctimas eran arrojados al sótano por un conducto secreto. Algunos de estos cuerpos eran disecados y despojados de su carne, para convertirlos en modelos de esqueleto y venderlos posteriormente a las facultades de medicina. Holmes también utilizaba dos grandes hornos, cal viva y pozos de ácido para deshacerse de los cuerpos. Además, en su sótano había varios tipos de venenos y dispositivos de tortura. Gracias a su formación médica y a sus contactos en la comunidad médica, a Holmes no le resultó difícil vender los esqueletos y los órganos.

La detención de Holmes

Después de la Feria Mundial, Holmes abandonó Chicago, para evitar a los acreedores. Se dirigió a Fort Worth, Texas, donde había heredado propiedades de dos hermanas, con una de las cuales había prometido casarse y luego matar a ambas. Su plan era crear un nuevo castillo aquí, como había hecho anteriormente en Chicago.

Sin embargo, al poco tiempo dejó este proyecto. Posteriormente, se desplazó por Estados Unidos y Canadá. Los únicos asesinatos confirmados de este periodo fueron los de su cómplice Benjamin Pitezel y tres de sus hijos.

Holmes había ideado que Pitezel fingiera su propia muerte, tras lo cual la esposa de Pitezel podría cobrar la póliza de seguro de vida de 10.000 dólares sobre su vida y la compartiría con Holmes y su abogado Jeptha Howe. Pitezel, como inventor bajo el nombre de B.F. Perry, tendría que morir en una explosión de laboratorio, con el cuerpo gravemente maltratado. Holmes debía encontrar un cuerpo que asumiera el papel de Pitezel. En su lugar, Holmes asesinó al incauto Pitezel con cloroformo y cobró la póliza de seguro de vida ya contratada por el propio Pitezel. A continuación, Holmes convenció a la incauta viuda de Pitezel para que le entregara a tres de sus cinco hijos, engañándola con que su marido estaba en Londres. También mataría a los tres niños durante su viaje.

El 17 de noviembre de 1894, Holmes fue arrestado en presencia de su desprevenida esposa, tras haber sido traicionado por un antiguo compañero de celda que había conocido cuando había sido detenido brevemente algún tiempo antes por estafa de caballos. Finalmente fue localizado por un detective de Pinkerton y detenido de nuevo por estafa de caballos.

Después de que el gerente del Castillo informara a la policía de que no se le permitía entrar en los pisos superiores del edificio, la policía inició una amplia investigación y en los meses siguientes las prácticas de Holmes quedaron al descubierto.

El número total de víctimas se estima entre 20 y 100. Basándose en las denuncias de personas desaparecidas que visitaron la Feria Mundial pero que nunca volvieron a casa y en las declaraciones de los vecinos de Holmes, que le veían entrar regularmente con mujeres jóvenes pero que nunca volvieron a ver salir a estas mujeres, el número podría ser también de 200. Las víctimas de Holmes eran principalmente mujeres (rubias), pero algunos hombres y niños también fueron presa de él.

Juicio y ejecución

En octubre de 1895, Holmes fue condenado por el asesinato de Benjamin Pitezel. Tras su condena, Holmes admitió 27 asesinatos, pero curiosamente, algunos de los que nombró seguían vivos.

Durante este tiempo, hizo varias declaraciones contradictorias sobre su vida, primero afirmando ser inocente y más tarde declarando que había sido poseído por Satanás. El 7 de mayo de 1896, fue ahorcado en la Prision de Moyamensing en Filadelfia. El cuello de Holmes no se rompió en la caída, sino que colgó de la horca tambaleándose durante más de quince minutos, y sólo después de veinte minutos fue declarado muerto. Holmes fue enterrado en el cementerio de la Santa Cruz en Yeadon.

El castillo fue destruido en gran parte por un incendio en agosto de 1895. Los restos del edificio fueron demolidos en 1938.

10. Theodore Kaczynski

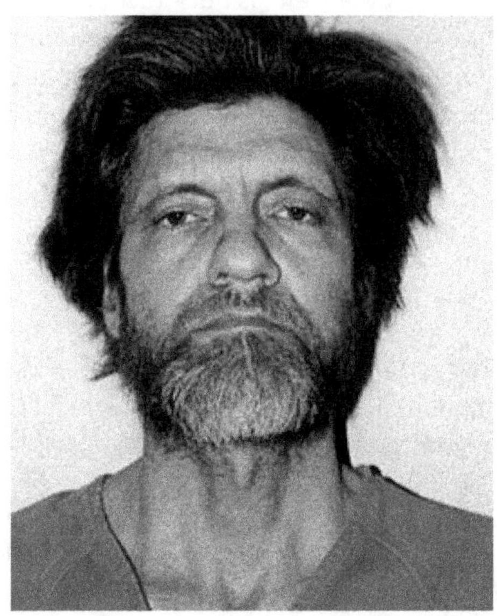

Años de actividad: 1978-1995
País: Estados Unidos
Asesinatos cometidos: 3 confirmados
Castigo: Cadena perpetua

Theodore John (Ted) Kaczynski, nacido en Chicago el 22 de mayo de 1942, apodado el Unabomber, es un matemático estadounidense, crítico social neoludita y extremista, que llevó a cabo una serie de atentados con bombas que dejaron varios muertos y heridos. Tras una investigación que duró años, fue finalmente detenido el 3 de abril de 1996 en su cabaña de los bosques de Montana.

Kaczynski fue descrito en las reflexiones publicadas tras su condena en 1998 como un prodigio intelectual que destacó en sus primeros años escolares. Estudió en la Universidad de Harvard y se doctoró en matemáticas en la Universidad de Michigan.

A los veinticinco años se convirtió en profesor asociado de la Universidad de California, Berkeley, donde dimitió después de dos años.

En 1971, se trasladó a una cabaña remota sin electricidad ni agua corriente en Lincoln, Montana, donde empezó a aprender técnicas de supervivencia en un esfuerzo por independizarse del mundo exterior. Llegó a iniciar una campaña de bombardeo después de ver la naturaleza salvaje que le rodeaba destruida por proyectos de desarrollo. Durante el periodo comprendido entre 1978 y 1995, Kaczynski envió 16 cartas-bomba a diversos objetivos, entre ellos universidades y compañías aéreas, matando a tres personas e hiriendo a 23. El 24 de abril de 1995, Kaczynski envió una carta a The New York Times en la que prometía "detener su terrorismo" si el Times o The Washington Post publicaban su manifiesto.

En su obra La sociedad industrial y su futuro, también llamada "Manifiesto Unabomber", sostenía que sus atentados eran extremos pero necesarios para llamar la atención sobre la erosión de la libertad humana causada por las tecnologías modernas que exigen una estructuración a gran escala.

El Unabomber fue el objetivo de una de las investigaciones más costosas del Buró Federal de Investigaciones (FBI). Antes de que se conociera la identidad de Kaczynski, el FBI utilizó el nombre en clave "UNABOM" ("University and Airline Bomber") para referirse a este caso. Esto dio lugar a que los medios de comunicación le llamaran el Unabomber.

A pesar de los esfuerzos del FBI, no fue capturado como resultado de esa detección. En cambio, su hermano reconoció el estilo de escritura y las opiniones de Kaczynski en el manifiesto e informó al FBI. Para evitar la pena de muerte, los abogados de Kaczynski llegaron a lo que se conoce como un acuerdo de culpabilidad, en el que se declaró culpable y fue condenado a cadena perpetua sin posibilidad de libertad condicional.

 Kaczynski ha sido caracterizado por el FBI como un "terrorista casero". Las opiniones de Kaczynski reciben el apoyo de algunos escritores anarcoprimitivistas, como John Zerzan y John Moore, a pesar de que albergan reservas sobre sus acciones e ideas.

La juventud de Ted Kaczynski

Kaczynski nació en el seno de una familia de ascendencia polaca, en Chicago, Illinois. Sus padres, Theodore Richard Kaczynski y Wanda Dombek, eran estadounidenses de origen polaco de segunda generación. Kaczynski cursó los cuatro primeros cursos de la escuela primaria en la Sherman Elementary School de Chicago, y los cuatro últimos en la Evergreen Park Central school.

Como resultado de una prueba psicológica en quinto grado, que demostró que tenía un coeficiente intelectual de 167, se le permitió saltarse el sexto grado y pasó directamente al séptimo. Más tarde, Kaczynski describió ese momento como crucial en su vida. Recordó que no se llevaba bien con los niños mayores y que le molestaban sus insultos y su acoso.

De niño, Kaczynski tenía miedo a la gente y a los edificios y solía jugar solo. Su madre estaba tan preocupada por su escaso desarrollo social que se planteó hacerle participar en un estudio sobre niños autistas, dirigido por Bruno Bettelheim.

Cursó sus estudios secundarios en el Evergreen Park Community High School. Kaczynski fue descrito como antisocial y muchos de sus compañeros lo recuerdan como un solitario tranquilo. A Kaczynski le iba bien en la escuela, pero en su segundo año encontró las matemáticas demasiado fáciles. Durante ese periodo de su vida, Kaczynski se obsesionó con las matemáticas, pasando horas en su habitación trabajando en ecuaciones diferenciales.

En consecuencia, fue trasladado a una clase de matemáticas más avanzada, en la que seguía sintiéndose intelectualmente atrofiado. Kaczynski dominó rápidamente el material y se saltó el undécimo grado. Con la ayuda de un curso de inglés en una escuela de verano, completó su educación secundaria a los quince años. Se animó a matricularse en la Universidad de Harvard, donde fue admitido como estudiante a los dieciséis años, en el otoño de 1958.

En Harvard, Kaczynski estudió con el renombrado lógico Willard Van Orman Quine y fue uno de los mejores estudiantes de la clase de Quine, con una puntuación final del 98,9%. También participó en un estudio de personalidad de varios años dirigido por el Dr. Henry Murray, experto en entrevistas de estrés.

En el estudio patrocinado por la Agencia Central de Inteligencia (CIA) de Murray, se dijo a los estudiantes que hablaran de su filosofía personal con un compañero. En su lugar, se les sometió a una prueba de estrés, que consistía en una aproximación psicológica extremadamente dura por parte de un acusador anónimo.

Durante la prueba, los estudiantes estaban atados a una silla y conectados a electrodos que registraban sus reacciones psicológicas mientras miraban a luces brillantes y se veían a través de un espejo transparente. Esto se filmó y las expresiones de ira impotente de los estudiantes se repitieron para ellos varias veces más tarde en el estudio.

Según Chase, los registros de Kaczynski de ese período muestran que era emocionalmente estable cuando comenzó esa investigación. Los abogados de Kaczynski atribuyen parte de su inestabilidad emocional y su aversión al control del pensamiento a su participación en esa investigación.

La carrera de Kaczynski

Kaczynski se graduó en Harvard en 1962, a la edad de 20 años, y luego se matriculó en la Universidad de Michigan, donde se licenció y se doctoró en matemáticas. La especialidad de Kaczynski era una parte del análisis complejo conocida como teoría de funciones geométricas. Obtuvo su doctorado con una disertación titulada "Funciones de frontera", en la que resolvió en menos de un año un problema que uno de sus profesores de Michigan, George Piranian, no había conseguido.

Este último comentó más tarde sobre Kaczynski: "No basta con decir que es inteligente". Maxwell Reade, profesor emérito de matemáticas, que fue uno de los promotores de Kaczynski, comentó sobre su disertación: "Supongo que tal vez 10 o 12 personas en el país la entendieron o apreciaron".

En 1967, Kaczynski ganó el premio Sumner B. Myers de la Universidad de Michigan, dotado con 100 dólares, porque su disertación fue considerada la mejor en matemáticas ese año.

Cuando aún era estudiante de doctorado en Michigan, recibió una beca de la National Science Foundation y pasó tres años dando clases a los estudiantes más jóvenes. Publicó en revistas de matemáticas dos artículos relacionados con su disertación y más tarde otros cuatro, cuando ya había dejado Michigan.

En otoño de 1967, Kaczynski se convirtió en profesor asistente de matemáticas en la Universidad de California - Berkeley. Fue el profesor más joven nombrado por la universidad.

Sin embargo, esto duró poco; sin dar ninguna razón, Kaczynski dimitió en 1969, cuando tenía 26 años. El presidente de la facultad de Matemáticas, J.W. Addison, calificó esa dimisión de "repentina e inesperada", mientras que el vicepresidente Calvin Moore dijo que, dada la "impresionante" disertación de Kaczynski y su serie de publicaciones, "podría haber obtenido un doctorado y haber sido ya uno de los ayudantes principales de la facultad."

La vida en Montana

En el verano de 1969, Kaczynski se mudó a la pequeña casa de sus padres en Lombard, Illinois. Dos años más tarde, se trasladó a una remota cabaña que había construido él mismo en Lincoln, Montana, donde llevaba una vida sencilla con poco dinero, sin electricidad ni agua corriente. Kaczynski tuvo algunos trabajos ocasionales y recibió ayuda económica de su familia, que utilizó para adquirir su terreno y más tarde, sin que su familia lo supiera, para financiar su campaña de cartas bomba. Durante un breve periodo de tiempo, en 1978, trabajó con su padre y su hermano en una fábrica de gomaespuma.

La intención original de Kaczynski era retirarse a un lugar aislado e independizarse del mundo exterior para poder vivir de forma autónoma. Comenzó a enseñarse a sí mismo habilidades de supervivencia, como rastrear, reconocer plantas comestibles y fabricar herramientas primitivas como taladros de arco. Sin embargo, pronto se dio cuenta de que no podría seguir viviendo así al ver que las tierras salvajes que le rodeaban estaban siendo destruidas por proyectos de recuperación y por la industria.

Al principio, llevó a cabo actos de sabotaje aislados, dirigidos a las urbanizaciones cercanas a su cabaña.

El punto de ruptura definitivo que le llevó a iniciar su campaña de bombardeos fue cuando hizo un viaje a uno de sus lugares salvajes favoritos y vio que había sido destruido y sustituido por una carretera. Sobre eso dijo:

Para mí, el mejor lugar era el mayor remanente de esta meseta rocosa que data del Terciario. Es una especie de zona ondulada, no plana, y cuando llegas al borde de la misma ves estos cañones, cortando laderas rocosas muy empinadas. Incluso había una cascada allí. Estaba a unos dos días de caminata desde mi cabaña. Ese fue el mejor lugar hasta el verano de 1983.

Ese verano había demasiada gente alrededor de mi cabaña, así que decidí que necesitaba descansar. Volví a la meseta y cuando llegué allí descubrí que habían construido una carretera que la atravesaba". Su voz vaciló; se detuvo un momento y continuó: "No puedes imaginar lo angustiado que estaba.

*En ese momento, decidí que en lugar de intentar enseñarme más
"habilidades de la naturaleza", haría que el sistema pagara por ello. La
venganza. -Ted Kaczynski*

Comenzó a dedicarse a la lectura de sociología y libros de filosofía política,
como los de Jacques Ellul, y también intensificó sus actividades de
sabotaje.

Sin embargo, pronto llegó a la conclusión de que sólo los métodos más
violentos proporcionarían una solución a lo que él veía como el problema
de la civilización industrial.

Contó que había perdido la fe en la idea de la reforma y que veía el
colapso violento como la única forma de acabar con el sistema
tecnoindustrial. Sobre la idea de los medios pacíficos de reforma para
derribarlo dijo:

*No creo que eso sea posible. En parte debido a la tendencia humana de la
mayoría de las personas -hay excepciones- a elegir el camino de menor
resistencia. Escogerán el camino más fácil, pero renunciar a tu coche, a tu
televisión, a tu electricidad, no es el camino de la menor resistencia para la
mayoría de la gente.*

*Tal y como yo lo veo, no creo que haya una forma regulada o dirigida de
desmantelar el sistema industrial. Creo que la única forma en que
podemos deshacernos de él es si se cae y se derrumba....*

*El gran problema es que la gente no cree que la revolución sea posible y no
es posible precisamente porque no la creen posible. Creo que el
movimiento eco-anarquista ha logrado mucho, pero creo que podrían
hacerlo mejor... Los verdaderos revolucionarios deberían distanciarse de
los reformistas...*

Y creo que sería bueno que se hiciera un esfuerzo consciente por introducir al mayor número posible de personas en la vida silvestre. En definitiva, creo que no debemos tratar de convencer a la mayoría de la gente ni demostrar que tenemos razón, sino tratar de elevar las tensiones de la sociedad hasta el punto de colapsar.

Provocar una situación en la que la gente se sienta tan incómoda que se rebele. Así que la cuestión es cómo aumentar esas tensiones. -Ted Kaczynski

Los atentados

La primera carta bomba fue enviada a finales de mayo de 1978 al profesor de ciencias de los materiales Buckley Crist, de la Universidad Northwestern. El paquete se encontró en un aparcamiento de la Universidad de Illinois en Chicago, con Crist como remitente.

El paquete fue "devuelto" a Crist. Sin embargo, cuando Crist recibió el paquete, se dio cuenta de que la dirección no estaba escrita de su puño y letra.

Al encontrar sospechoso un paquete que él mismo no había enviado, se puso en contacto con el agente de policía del campus Terry Marker, quien abrió el paquete, que explotó inmediatamente. Aunque Marker sólo sufrió heridas mínimas, su mano izquierda quedó tan dañada que requirió atención médica en el Hospital de Evanston.

La bomba estaba hecha de metal que podría haber salido de una tienda de bricolaje. El componente principal era un trozo de tubo metálico de unos 25 mm de diámetro y 230 mm de longitud. La bomba contenía un explosivo sin humo y la caja y los tapones, que sellaban los extremos del tubo, estaban hechos a mano con madera.

Sin embargo, la mayoría de las bombas de tubo utilizan extremos metálicos roscados, disponibles en muchas ferreterías. Los tapones de madera no son lo suficientemente fuertes como para garantizar que se acumule una gran cantidad de presión dentro de la tubería, razón por la cual la bomba no causó daños graves. El primitivo mecanismo de ignición utilizado en la bomba era un clavo estirado por bandas de goma, que al abrir la caja debía golpear contra seis cabezas de cerillas normales. Las cabezas de las cerillas se incendiarían inmediatamente y encenderían el explosivo. Sin embargo, cuando el clavo golpeaba las cabezas de las cerillas, sólo se encendían tres. Una técnica más eficaz, utilizada más tarde por Kaczynski, consistiría en utilizar pilas y filamentos, que encenderían el explosivo más rápida y eficazmente.

Al primer atentado de 1978 le siguieron cartas con bombas enviadas a los responsables de las aerolíneas, y en 1979 se colocó una bomba en la bodega del vuelo 444 de American Airlines, un Boeing 727, que volaba de Chicago a Washington, D.C. La bomba empezó a echar humo y obligó al piloto a realizar un aterrizaje de emergencia.

Muchos pasajeros tuvieron que ser tratados por inhalación de humo. Sólo un ajuste incorrecto del mecanismo de sincronización impidió que la bomba explotara. Los expertos dijeron que tenía suficiente potencia explosiva para "destruir el avión".

Dado que poner una bomba en un avión en Estados Unidos es un delito federal, se llamó al FBI tras este incidente, que recibió el nombre en clave de "UNABOM" ("University and Airline Bomber"). También llamaron al sospechoso "Dump Bomber", por el material utilizado para fabricar las bombas. En 1980, el superintendente John Douglas, en colaboración con la Unidad de Ciencias del Comportamiento del FBI, difundió un perfil psicológico del agresor desconocido, en el que se describía al criminal como un hombre de inteligencia superior a la media y con contactos con el mundo académico.

Este perfil se refinó posteriormente, caracterizando al criminal como un neoludita con un título académico en ciencias, pero este perfil de base psicológica se abandonó en 1993 en favor de una teoría alternativa desarrollada por los analistas del FBI que se centraron en las pruebas tangibles de los fragmentos de bomba encontrados. En este perfil competidor, el sospechoso del atentado fue descrito como un mecánico de aviones.

La Unidad Especial de la UNABOM abrió un número de teléfono independiente 1-800-701-BOMB, para cualquier llamada que pudiera ser útil en la investigación del Unabomber, y se ofreció una recompensa de un millón de dólares para cualquiera que pudiera proporcionar información que condujera a la captura del Unabomber.

Las víctimas

La primera lesión grave se produjo en 1985, cuando John Hauser, estudiante de doctorado y capitán de las Fuerzas Aéreas de Estados Unidos, perdió cuatro dedos y la visión de un ojo. Las bombas estaban hechas a mano y consistían en piezas de madera. En el interior de las bombas, algunas piezas llevaban la inscripción "FC". Kaczynski explicó más tarde que las iniciales significaban "Club de la Libertad". En 1985, el propietario de una tienda de informática en California, Hugh Scrutton, de 38 años, fue asesinado por una bomba cargada de clavos y metralla que había sido colocada en el aparcamiento de su tienda. Un atentado similar contra una tienda de informática se produjo en Salt Lake City, Utah, el 20 de febrero de 1987.

La bomba, que parecía un trozo de madera, hirió a Gary Wright cuando intentaba retirarla del aparcamiento de la tienda. La explosión cortó los nervios del brazo izquierdo de Wright y disparó más de 200 fragmentos de metal en su cuerpo.

El hermano de Kaczynski, David -que desempeñaría un papel decisivo en la futura captura de Ted al alertar a las autoridades federales de la posible implicación de su hermano en los casos de los Unabomber- localizó a Wright tras la detención de Ted en 1996 y se hizo amigo suyo. David Kaczynski y Wright han seguido siendo amigos y de vez en cuando dan charlas juntos sobre la reconciliación.

Tras una pausa de seis años, Kaczynski volvió a atacar en 1993, enviando un paquete bomba a David Gelernter, profesor de informática de la Universidad de Yale. Aunque resultó gravemente herido, finalmente se recuperó. Otro paquete bomba enviado ese mismo fin de semana iba dirigido al domicilio del genetista Charles Epstein, de la Universidad de California en San Francisco, que perdió varios dedos al abrirlo. Kaczynski llamó entonces al hermano de Gelernter, Joel Gelernter, genetista del comportamiento, y le amenazó con "ser el siguiente".

El genetista Phillip Allen Sharp, del Instituto Tecnológico de Massachusetts, también recibió una carta amenazante dos años después. Kaczynski escribió una carta a The New York Times en la que afirmaba que su "grupo", el FC, era el responsable de los atentados. En 1994, Thomas J. Mosser, director general de Burson-Marsteller, fue asesinado por una carta bomba enviada a su domicilio en North Caldwell, Nueva Jersey.

En otra carta a The New York Times, Kaczynski afirmaba que el FC había "volado a Thomas Mosser porque Burston-Marsteller había sido útil a Exxon para pulir su imagen tras el desastre del Exxon Valdez" y, sobre todo, porque "su ocupación es desarrollar técnicas para manipular el comportamiento de la gente".

A esto le siguió, en 1995, el asesinato de Gilbert Murray, presidente de la Asociación Forestal de California, el grupo de presión de la industria maderera, mediante una carta bomba destinada en realidad al anterior presidente, William Dennison, que ya se había retirado.

El total de 16 bombas -que hirieron a 23 personas y mataron a tres- se atribuyó a Kaczynski. Aunque la construcción de las bombas varió mucho a lo largo de los años, todas menos la primera llevaban las iniciales "FC". Las huellas dactilares encontradas en algunos de los artefactos, no coincidían con las huellas encontradas en las cartas atribuidas a Kaczynski. La declaración del FBI decía:

203. Las huellas dactilares ocultas situadas en los dispositivos, enviados y/o colocados por la persona UNABOM fueron comparadas con las huellas

dactilares, encontradas en las cartas atribuidas a Theodore Kaczynski. Según el laboratorio del FBI, no hay correlación forense entre las dos muestras.

Una de las tácticas de Kaczynski era dejar pistas falsas en cada bomba. Normalmente las hacía difíciles de encontrar, para engañar deliberadamente a los investigadores, haciéndoles creer que tenían una pista. La primera pista era una placa metálica con las letras "FC" perforadas, escondida en algún lugar (normalmente en la tapa del extremo del tubo) de cada bomba.

Otra pista falsa que dejó fue un garabato en una bomba, que no estalló, que decía "¡Oye, funciona! Te dije que lo haría - RV". Una pista más obvia fueron los sellos de 1 dólar con la imagen de Eugene O'Neill utilizados para enviar sus paquetes. Una de sus bombas estaba integrada en un ejemplar de la novela de Sloan Wilson, Ice Brothers.

El manifiesto de Kaczynski

En 1995, Kaczynski envió varias cartas, algunas de ellas a sus anteriores víctimas, en las que esbozaba sus objetivos y exigía que su ensayo de 35.000 palabras La sociedad industrial y su futuro (también llamado "Manifiesto Unabomber") se publicara textualmente en un periódico o revista importante; declaró que entonces cesaría su campaña terrorista. Hubo una considerable división en cuanto a si esto debía hacerse o no. Siguió otra carta en la que se amenazaba con matar a más personas; por preocupación por la seguridad pública, el Departamento de Justicia de Estados Unidos recomendó que se publicara. A continuación, el panfleto fue publicado por The New York Times y The Washington Post el 19 de septiembre de 1995, también con la esperanza de que alguien reconociera el estilo de escritura.

Incluso antes de la decisión de The New York Times de publicar el manifiesto, Bob Guccione, de Penthouse, se había ofrecido a publicarlo, pero Kaczynski contestó que, como Penthouse era menos "prominente" que los otros medios, en ese caso se "reservaría el derecho a poner una bomba más (y en realidad sólo una) con la intención de matar, después de que se publicara "nuestro" manuscrito."

A lo largo del manuscrito, que fue fabricado en una máquina de escribir sin la posibilidad de utilizar letras inclinadas, Kaczynski escribe palabras enteras en mayúsculas, para enfatizarlas.

Siempre se refiere a sí mismo como "nosotros" o "FC" (Club de la Libertad), aunque parece que actuó por su cuenta. El autor Henry Holt señala que la escritura de Kaczynski, aparte de los signos de enlace alternados, no contiene prácticamente ningún error ortográfico o gramatical, a pesar de haber sido escrita en una máquina de escribir, sin las capacidades del procesador de textos o del corrector ortográfico.

La sociedad industrial y su futuro comienza con la afirmación de Kaczynski de que "la revolución industrial y sus consecuencias han sido un desastre para la humanidad". Los primeros párrafos del texto están dedicados a un análisis psicológico de varios grupos -principalmente izquierdistas y científicos- y de las consecuencias psicológicas para el individuo de vivir en el "sistema industrial-tecnológico."

En los siguientes párrafos se especula sobre la evolución futura de este sistema, se afirma que conducirá inevitablemente al fin de la libertad humana, se reclama una "revolución contra la tecnología" y se intenta indicar cómo podría llevarse a cabo.

Análisis psicológico

En sus primeros y últimos párrafos, habla del izquierdismo como movimiento y analiza la psicología de los izquierdistas, argumentando que son los "verdaderos creyentes", en el sentido de Eric Hoffer, que participan en un poderoso movimiento social para compensar su falta de poder propio. Afirma, además, que el izquierdismo, como movimiento, está dirigido por una cierta minoría de izquierdistas a los que denomina "sobresocializados".

Las normas y valores de nuestra sociedad nos exigen tanto que nadie puede pensar, sentir y actuar completamente de acuerdo con la moral imperante. Algunas personas están tan socializadas que sus esfuerzos por pensar, sentir y actuar moralmente pesan sobre sus hombros como una pesada carga.

Para no sentirse culpables, deben guardar constantemente las apariencias y encontrar explicaciones morales para sentimientos y acciones que en realidad tienen un origen no moral. A este tipo de personas las llamamos "sobresocializadas".

Continúa explicando cómo el carácter del izquierdismo está determinado por las consecuencias psicológicas de la "sobre-socialización". Kaczynski atribuye los problemas sociales y psicológicos de la sociedad moderna a lo siguiente *"esta sociedad obliga a las personas a vivir en condiciones radicalmente diferentes de aquellas en las que la humanidad evolucionó, y a comportarse de forma contraria a las pautas de comportamiento a las que el hombre estaba tradicionalmente acostumbrado"*.

Además, señala que la causa principal de la larga lista de problemas sociales y psicológicos de la sociedad actual es la alteración del "proceso de poder", que según él consta de cuatro elementos:

Los tres elementos más claramente distinguibles se denominan: objetivo, esfuerzo y consecución del objetivo. (Todo el mundo necesita objetivos que sólo pueden alcanzarse mediante el esfuerzo, y todo el mundo tiene la necesidad de alcanzar al menos algunos de estos objetivos). El cuarto elemento es más difícil de definir y puede no ser necesario para todos. Lo llamamos autonomía y volvemos a él.

Dividimos las pulsiones humanas en tres grupos:

1. los impulsos que pueden satisfacerse con un esfuerzo mínimo;

2. los impulsos que pueden ser satisfechos, pero sólo con un gran esfuerzo;

3. impulsos que no pueden satisfacerse adecuadamente, por mucho esfuerzo que se haga. El proceso de poder es el proceso de satisfacer los impulsos del segundo grupo".

A continuación, Kaczynski afirma que "en la sociedad industrial actual, los impulsos naturales del ser humano se ven relegados en su mayoría a las categorías primera y tercera, mientras que el segundo grupo está formado cada vez más por impulsos inducidos artificialmente". Entre estos impulsos se encuentran las "actividades sustitutas", actividades dirigidas a un objetivo artificial que la gente se fija sólo para trabajar por algo, es decir, "sólo por la 'satisfacción' que obtienen al perseguir un objetivo".

Afirma que la investigación científica es una actividad sustitutiva de los científicos y que por esta razón "la ciencia sigue ciegamente su curso, sin tener en cuenta el bienestar real de la humanidad ni ninguna otra medida, únicamente para satisfacer las necesidades psíquicas de los científicos y de los funcionarios y empresarios que proporcionan los fondos para sus investigaciones."

Análisis histórico

En los últimos párrafos del manifiesto, Kaczynski define cuidadosamente lo que entiende por libertad y argumenta que sería "terriblemente difícil reformar el sistema industrial de manera que se evite un recorte cada vez mayor de nuestra libertad".

Afirma que "a pesar de todos sus avances técnicos en relación con el comportamiento humano, el sistema actual no ha logrado resultados impresionantes en el control de los seres humanos" y predice que "si el sistema logra con suficiente rapidez tener el comportamiento humano suficientemente bajo control, probablemente sobrevivirá. Si no, se derrumbará" y que "es muy probable que la cuestión se resuelva en las próximas décadas. En cuarenta o cien años sabremos más". Ofrece varias posibilidades distópicas para el tipo de sociedad que surgiría en el primer caso. Afirma que, a diferencia de la reforma, la revolución es posible, y hace un llamamiento a los lectores compasivos para que inicien dicha revolución, utilizando dos estrategias: "aumentar las tensiones sociales para incrementar la probabilidad de colapso" y "desarrollar y propagar una ideología que se oponga a la tecnología".

Hace varias recomendaciones tácticas, como evitar la usurpación del poder político, evitar toda cooperación de los izquierdistas y apoyar los acuerdos de libre comercio para reducir la economía mundial a una más frágil y unificada.

Concluye diciendo que este manifiesto "ha retratado el izquierdismo en su forma actual como un fenómeno característico de nuestro tiempo y como un síntoma de la alteración del proceso de poder", pero que no está "en condiciones de afirmar con certeza que tales movimientos existieran antes del izquierdismo actual" y dice que "esa es una cuestión importante a la que los historiadores deberían prestar atención".

Publicaciones relacionadas con Ted Kaczynski

Como crítica a la sociedad tecnológica, el manifiesto se hace eco de los críticos contemporáneos de la tecnología y la industrialización, como John Zerzan, Herbert Marcuse, Max Weber, Fredy Perlman, Jacques Ellul (cuyo libro La sociedad tecnológica fue citado en un ensayo sin nombre escrito por Kaczynski en 1971), Lewis Mumford, Neil Postman y Derrick Jensen. La idea de la "interrupción del proceso de poder" también se hizo eco de los críticos sociales que destacaban la falta de trabajo significativo como la principal causa de los problemas sociales, entre ellos Mumford, Paul Goodman y Eric Hoffer (a quien Kaczynski se refiere explícitamente).

El tema principal también fue abordado por Aldous Huxley en su novela distópica Un mundo feliz, a la que se refiere Kaczynski. Las ideas de "sobresocialización" y "actividades sustitutas" recuerdan a Das Unbehagen in der Kultur de Freud y a sus teorías de la racionalización y la sublimación (este último término se utiliza tres veces en el manifiesto, y dos veces en citas, para describir las actividades sustitutas).

En un artículo de Wired sobre los peligros de la tecnología, titulado "Why The Future Doesn't Need Us" (Por qué el futuro no nos necesita), Bill Joy, cofundador de Sun Microsystems, citaba la obra de Ray Kurzweil The Age of Spiritual Machines (La era de las máquinas espirituales), que cita un pasaje de Kaczynski sobre las formas de sociedad que podrían surgir si el trabajo humano fuera completamente sustituido por la inteligencia artificial.

Joy escribió que aunque las acciones de Kaczynski fueron "asesinas" y "en mi opinión criminalmente insensatas", "por mucho que me cueste admitirlo, seguía viendo algo de mérito en el razonamiento de ese único pasaje. Me sentí obligado a afrontarlo".

El diario del Unabomber

Kaczynski llevaba un diario para su propio uso, en el que también detallaba futuros planes de destrucción. Los diarios se encontraron durante un registro de su cabaña en 1996. Sin embargo, los registros resultaron ser ilegibles porque Kaczynski había aplicado un algoritmo de encriptación desarrollado por él mismo para mantener la información en secreto. La rutina de encriptación dio lugar a cadenas de números, guiones y espacios escritos por Kaczynski en hojas de notas de una carpeta de anillas.

El FBI y la CIA no consiguieron descifrar el código. El descifrado resultó ser posible sólo después de que se encontrara accidentalmente una nota de Kaczynski en la que indicaba cómo debía hacerse el descifrado. Las flechas y los colores indicaban la ruta de lectura y descifrado. Además, el descifrado debía realizarse en diferentes fases y ciclos.

Según el experto en criptografía Bruce Schneier, el algoritmo puede ser el más complicado desde la Segunda Guerra Mundial. Kaczynski pudo desarrollar este algoritmo gracias a su formación académica como matemático.

Siguiendo a Ted Kaczynski

Antes de la publicación del manifiesto, la esposa del hermano de Theodore Kaczynski le había instado a hacer algo ante las sospechas de que Theodore era el Unabomber.

La reacción inicial de David Kaczynski fue de desprecio, pero poco a poco empezó a tomarse la posibilidad cada vez más en serio, tras leer el manifiesto una semana después de su publicación en septiembre de 1995. David Kaczynski hojeó viejos papeles de la familia y encontró cartas, escritas por Ted en los años 70 y enviadas a los periódicos, en las que protestaba por el mal uso de la tecnología y que contenían una redacción similar a la del Manifiesto Unabomber.

Antes de la publicación del manifiesto, el FBI había celebrado numerosas conferencias de prensa para recabar la ayuda del público en la identificación del Unabomber. Estaban convencidos de que el atacante procedía de la zona de Chicago (donde comenzó sus atentados), de que había trabajado o tenía alguna relación con Salt Lake City y, en torno a 1990, se le relacionaba con la zona de la bahía de San Francisco.

Tanto esta información geográfica como la elección de palabras en los resúmenes del manifiesto, que se habían publicado antes de que apareciera el manifiesto completo, convencieron a la esposa de David Kaczynski, Linda, para que instara a su marido a leer el manifiesto. Tras la publicación del manifiesto, el FBI recibió durante meses más de mil llamadas telefónicas al día en respuesta a la oferta de una recompensa de un millón de dólares por información que permitiera identificar al Unabomber.

También se envió un gran número de cartas a la Unidad Especial de la UNABOM que decían ser del Unabomber. Las miles de pistas fueron examinadas cuidadosamente. Mientras el FBI trabajaba en nuevas pistas,

David Kaczynski contrató a una investigadora privada, Susan Swanson, de Chicago, para que rastreara cautelosamente el paradero de Ted. Los hermanos Kaczynski se habían separado en 1990, y David no había visto a Ted durante diez años. Más tarde, David contrató al abogado Tony Bisceglie, de Washington D.C., para que organizara las pruebas recogidas por Swanson y se pusiera en contacto con el FBI, ya que, evidentemente, no era fácil llamar la atención del FBI. Quería proteger a su hermano del peligro de una redada del FBI, como había ocurrido en Ruby Ridge y Waco, porque sabía que Ted no debía tener nada que ver con el contacto con el FBI y que probablemente reaccionaría de forma precipitada o violenta.

A principios de 1996, Tony Bisceglie se puso en contacto con Clinton R. Van Zandt, antiguo negociador de rehenes del FBI y experto en perfiles. Bisceglie pidió a Van Zandt que comparara el manifiesto con las copias mecanografiadas de las cartas manuscritas que David había recibido de su hermano. El análisis de Van Zandt demostró que había un "50% de probabilidades" de que la misma persona hubiera escrito tanto las cartas como el manifiesto, que ya llevaba seis meses en circulación. Aconsejó al cliente de Bisceglie que se pusiera en contacto con el FBI.

En febrero de 1996, Bisceglie entregó al FBI una copia del ensayo escrito en 1971 por Ted Kaczynski. En la sede de la Unidad Especial UNABOMB en San Francisco, el agente especial supervisor Joel Moss reconoció inmediatamente las similitudes de los textos. David Kaczynski había intentado permanecer en el anonimato desde el principio, pero pronto se conoció su identidad y a los pocos días se envió un equipo de agentes del FBI a Washington, D.C. para hablar con David y su esposa, junto con su abogado. En esta reunión y en otras posteriores con el equipo, David presentó cartas escritas por su hermano, en sus sobres originales, para poder completar la cronología de las actividades de Ted Kaczynski establecida por la Unidad Especial, utilizando las fechas de los matasellos.

David se puso en estrecho contacto con la analista jefe de conducta de la Unidad Especial, la agente Kathleen M. Puckett, con la que se reunió en numerosas ocasiones a lo largo de casi dos meses en Washington D.C., Texas, Chicago y Schenectady (Nueva York), antes de que se entregara la orden de registro federal basada en la conducta en la cabaña de Theodore Kaczynski.

La detención de Ted Kaczynski

El 3 de abril de 1996, los agentes detuvieron a Theodore Kaczynski en su remota cabaña cerca de Lincoln (Montana), donde se le encontró en un estado descuidado. Entre las pruebas encontradas en la cabaña había una bomba sin explotar y lo que parecía ser el manuscrito original mecanografiado del manifiesto. El Unabomber fue objeto de una de las búsquedas más costosas de la historia del FBI.

Los párrafos 204 y 205 de la orden de búsqueda y captura del FBI contra Kaczynski, mencionan que los "expertos" -incluidos muchos académicos consultados por el FBI- creían que el manifiesto había sido escrito por "otra persona, no por Theodore Kaczynski". Como se señala en la declaración, sólo un puñado de personas creía que Theodore Kaczynski era el Unabomber antes de que la orden de registro revelara la abundancia de pruebas en la remota cabaña de Kaczynski. La declaración oficial sobre la orden de registro, redactada por el inspector del FBI Terry D. Turchie, revela este desacuerdo y proporciona pruebas impactantes de la oposición a Turchie y a su pequeño grupo de agentes del FBI, incluidos Moss y Pucket -que estaban convencidos de que Kaczynski era el Unabomber- por parte del resto de la Unidad Especial UNABOM y del FBI en general:

204. Su Señoría sabe que otras personas realizaron un análisis del Manuscrito UNABOM y concluyeron que el manuscrito fue escrito por otra persona y no por Kaczynski, que también era sospechoso en la investigación.205. Se han emitido otros numerosos dictámenes periciales sobre la identidad del autor de la Unabomb. Ninguno de esos dictámenes mencionó a Theodore Kaczynski como posible autor.

David había admirado y perseguido a su hermano mayor, pero más tarde decidió distanciarse del estilo de supervivencia primitivo. El FBI le había asegurado que permanecería en el anonimato y que su hermano no se enteraría de quién le había delatado, pero su identidad se filtró a CBS News a principios de abril de 1996.

El presentador de la CBS, Dan Rather, llamó al jefe del FBI, Louis Freeh, quien pidió 24 horas de consideración antes de que la CBS publicara la historia durante el programa de noticias de la noche. El FBI se apresuró a completar la orden de registro y a que un juez federal de Montana la emitiera; después, el FBI investigó la filtración interna, pero nunca se encontró la fuente de la misma. David donó el dinero de la recompensa concedida, tras deducir sus propios gastos, a las familias de las víctimas de su hermano.

Procedimiento legal

Los abogados de Kaczynski, dirigidos por el defensor federal Michael Donahoe, intentaron que Kaczynski fuera declarado demente para salvar su vida, pero Kaczynski rechazó esa petición. Un psiquiatra designado por el tribunal diagnosticó que Kaczynski padecía esquizofrenia paranoide y declaró que sí tenía capacidad para asistir al juicio. La familia de Kaczynski dijo que se derrumbaría psicológicamente si se le presionaba.

Una acusación federal presentada en abril de 1996 acusaba a Kaczynski de 10 cargos de transporte, envío y uso ilegal de bombas. También se le acusó de homicidio de dos personas en California y de una tercera en Nueva Jersey. El 7 de enero de 1998, Kaczynski intentó ahorcarse. Inicialmente, el equipo de la acusación judicial del gobierno indicó que solicitaba la pena de muerte para Kaczynski después de haber sido autorizado a hacerlo por la Fiscal General Janet Reno. El abogado de David Kaczynski pidió clemencia al ex agente del FBI, que había demostrado la similitud entre el Manifiesto Unabomber y Kaczynski, pues le horrorizaba pensar que delatar a su hermano podría llevarle a la muerte. Finalmente, Kaczynski consiguió escapar de la pena de muerte el 22 de enero de 1998, al declararse culpable de todos los cargos del gobierno. Más tarde, Kaczynski intentó revocar su declaración de culpabilidad, argumentando que había sido involuntaria. El juez Garland Ellis Burrell Jr. denegó su petición. El Tribunal de Apelación de los Estados Unidos para el Noveno Circuito confirmó esa decisión.

Al principio de la búsqueda del Unabomber en Estados Unidos, se pintó
una imagen del autor que era muy diferente de la del sospechoso final. El
Manifiesto Unabomber utiliza constantemente las palabras "nosotros" y
"nos", y en un momento dado, en 1993, los investigadores buscaban a
alguien con el nombre de pila "Nathan", a raíz de un garabato encontrado
en una de las bombas. Sin embargo, cuando el caso se hizo finalmente
público, las autoridades negaron que nadie más que Kaczynski hubiera
estado involucrado en el caso. Posteriormente se dieron explicaciones
sobre las razones por las que Kaczynski había elegido a algunas de sus
víctimas.

El 10 de agosto de 2006, el juez Garland Burrell Jr. ordenó que los efectos
personales incautados en 1996 en la cabaña de Kaczynski en Montana se
vendieran a través de una "subasta en Internet suficientemente
publicitada". Se excluyeron de la venta los artículos que el gobierno creía
que eran materiales para fabricar bombas, como textos con imágenes
esquemáticas y "recetas" de bombas. El subastador pagaría los costes y se
le permitió quedarse con el 10% del precio de venta; el resto de la
recaudación se utilizaría para pagar parte de la indemnización de 15
millones de dólares que Burdell había impuesto a Kaczynski a sus víctimas.

Entre las posesiones de Kaczynski que se subastaron se encontraban sus
escritos originales, diarios, correspondencia y otros documentos que, al
parecer, se encontraron en su cabaña. El juez ordenó que se eliminaran
todas las referencias a sus víctimas en esos documentos antes de la venta.
Kaczynski impugnó ante los tribunales esas intervenciones ordenadas por
motivos de la Primera Enmienda, argumentando que cualquier alteración
de sus escritos constituía una injerencia ilegal en su libertad de expresión.

Cumpliendo cadena perpetua en prisión

Kaczynski está cumpliendo una sentencia de cadena perpetua, sin
posibilidad de libertad condicional, como recluso número 04475-046 en
ADX Florence, la Máxima Instalación Administrativa (EBI) federal en
Florence, Colorado. Cuando se le preguntó si le preocupaba volverse loco
en la cárcel, Kaczynski respondió

No, lo que me preocupa es que, en cierto modo, me adapte a este entorno y me siga gustando estar aquí y no me ofenda más. Y me preocupa que pueda olvidar con el paso de los años, que pueda perder mis recuerdos de las montañas y los bosques, eso es lo que realmente me preocupa, que pueda perder esos recuerdos y perder esa sensación de contacto con la naturaleza salvaje en general. Pero no me preocupa que se rompa mi espíritu. -Ted Kaczynski,

Mientras estuvo en prisión, Kaczynski fue un escritor activo. La Colección Labadie, que forma parte de la Biblioteca de Colecciones Especiales de la Universidad de Michigan, alberga la correspondencia de Kaczynski con más de 400 personas desde su detención en abril de 1996, incluyendo respuestas de CC, documentos legales, publicaciones y recortes de prensa. Los nombres de la mayoría de los autores de las cartas permanecerán sellados hasta 2049. Kaczynski también libró una batalla en un tribunal federal de Carolina del Norte sobre la subasta de sus diarios y otra correspondencia. El 10 de enero de 2009, el Tribunal de Apelación del Noveno Circuito de San Francisco, California, rechazó los argumentos de Kaczynski de que la venta de sus escritos por parte del gobierno afectaba a su libertad de expresión. Sus escritos, libros y otras posesiones se venderán por Internet y los beneficios se destinarán a algunas de sus víctimas.

La cabaña de Kaczynski fue confiscada y guardada en un almacén en un lugar no revelado. Iba a ser destruida, pero finalmente fue donada a Scharlette Holdman, un investigador del equipo de defensa de Kaczynski. En julio de 2008 se expuso en el Newseum de Washington, D.C. En una carta de tres páginas dirigida al Tribunal de Apelación del Noveno Circuito de los Estados Unidos, Kaczynski se opuso a la exhibición pública de la cabaña, afirmando que era contraria a su objeción de ser asociado públicamente con el caso UNABOM.

En una carta fechada el 7 de octubre de 2005, Kaczynski se ofreció a donar dos libros raros a la Biblioteca de Estudios Africanos Melville J. Herskovits del campus de la Universidad Northwestern en Evanston (Illinois), el lugar de los dos primeros atentados. El destinatario, David Easterbrook, entregó la carta a los archivos de la universidad. La universidad declinó la oferta, señalando que la biblioteca ya tenía ambos libros en inglés y no necesitaba duplicados.

Kaczynski escribió una carta de un párrafo en la que criticaba la reseña de un libro de István Deák; la carta se publicó en el New York Review of Books. Nunca respondió a las cartas mensuales de sus familiares, que lo denunciaron a las autoridades.

11. Edmund Kemper

Años de actividad: 1964-1973
País: Estados Unidos
Asesinatos cometidos: 8 confirmados
Castigo: Cadena perpetua

Edmund (Ed) Emil Kemper, nacido en Burbank, California, el 18 de diciembre de 1948) es un asesino en serie estadounidense. Su apodo era "El asesino de la universidad", porque mató a un gran número de estudiantes universitarios.

Edmund Kemper nació el 18 de diciembre de 1948 en Burbank, California, siendo el hijo mediano de E. E. y Clarnell Kemper. Tras el divorcio de sus padres en 1957, se trasladó a Montana con su madre y sus dos hermanas.

Kemper tenía una relación difícil con su madre alcohólica porque era muy crítica con él y la culpaba de todos sus problemas. Cuando tenía 10 años, le obligó a vivir en el sótano, lejos de sus hermanas, a las que temía que pudieran hacerle algún daño. Las señales de los problemas empezaron a aparecer pronto. Kemper tenía una oscura vida de fantasía y a veces soñaba con matar a su madre.

Cortaba las cabezas de las muñecas de sus hermanas e incluso obligaba a las niñas a jugar a un juego que llamaba "cámara de gas", en el que les vendaba los ojos y las conducía a una silla, donde fingía retorcerse de agonía hasta que "moría".

Sus primeras víctimas fueron los gatos de la familia. A los diez años enterró vivo a uno de ellos y al segundo, Kemper, de 13 años, lo mató con un cuchillo. Se fue a vivir con su padre durante un tiempo, pero acabó volviendo con su madre, que decidió que el problemático adolescente viviera con sus abuelos paternos en North Fork, California.

El asesinato de sus abuelos

Kemper odiaba la vida en la granja de sus abuelos. Antes de ir a North Fork, había empezado a aprender sobre armas de fuego, pero sus abuelos le quitaron el arma después de que matara varios pájaros y otros animales pequeños. El 27 de agosto de 1964, Kemper finalmente volcó su furia constructora en sus abuelos. El joven de 15 años disparó a su abuela en la cocina tras una discusión, y cuando su abuelo regresó a casa, Kemper salió y le disparó cerca de su coche y luego escondió el cuerpo.

Después, llamó a su madre, que le dijo que llamara a la policía y les contara lo sucedido. Más tarde, Kemper diría que había disparado a su abuela "para ver cómo se sentía". Añadió que había matado a su abuelo para que el hombre no tuviera que descubrir que su mujer había sido asesinada.

Por sus delitos, Kemper fue entregado a la Autoridad Juvenil de California. Fue sometido a varias pruebas, que determinaron que tenía un coeficiente intelectual muy alto, pero que también padecía esquizofrenia paranoide. Finalmente, Kemper fue enviado al Hospital Estatal de Atascadero, un centro de máxima seguridad para enfermos mentales.

La liberación despúes del primer asesinato

En 1969, Kemper fue puesto en libertad a los 21 años. A pesar de que los médicos de la prisión le recomendaron que no viviera con su madre debido a los malos tratos que había sufrido y a los problemas de salud mental que tenía con ella, volvió con ella a Santa Cruz (California), adonde se había trasladado tras poner fin a su tercer matrimonio para aceptar un trabajo en la Universidad de California. Mientras estaba allí, asistió a la universidad comunitaria durante algún tiempo y trabajó en varios empleos, hasta que encontró un trabajo en el Departamento de Transporte en 1971.

Kemper había solicitado ser policía estatal, pero fue rechazado debido a su tamaño: pesaba cerca de 300 libras y medía 6 pies y 9 pulgadas, lo que le valió el apodo de "Big Ed". Sin embargo, se relacionó con agentes de policía de Santa Cruz. Uno de ellos le regaló una placa de la escuela de formación y unas esposas, mientras que otro, según él, le prestó una pistola Quién lucha contra los monstruos, de Robert K. Ressler y Tom Shachtman.

El mismo año que empezó a trabajar en el departamento de carreteras, Kemper fue atropellado por un coche mientras iba en moto. Su brazo quedó gravemente herido y recibió una indemnización de 15.000 dólares en la demanda civil que presentó contra el conductor del coche. Al no poder trabajar, Kemper se dedicó a otras actividades.

Vio a un gran número de mujeres jóvenes haciendo autostop en la zona. En el coche nuevo que compró con parte del dinero del acuerdo, Kemper empezó a guardar las herramientas que creía necesitar para cumplir sus deseos asesinos, entre ellas una pistola, un cuchillo y unas esposas.

El asesino mixto

Al principio, Kemper recogía a mujeres que hacían autostop y las dejaba ir. Sin embargo, cuando se ofreció a llevar a dos estudiantes de la Universidad de Fresno, Mary Ann Pesce y Anita Luchessa, éstas nunca llegaron a su destino. Sus familias informaron de su desaparición poco después, pero no se supo nada de su suerte hasta el 15 de agosto, cuando se descubrió una cabeza de mujer en el bosque cerca de Santa Cruz, que posteriormente se identificó como la de Pesce. Los restos de Luchessa, sin embargo, nunca se encontraron. Kemper explicaría posteriormente que había apuñalado y estrangulado a Pesce antes de apuñalar también a Luchessa.

Después de los asesinatos, llevó los cuerpos a su apartamento y les quitó la cabeza y las manos. Ese mismo año, el 14 de septiembre de 1972, Kemper recogió a Aiko Koo, de 15 años, que había decidido hacer autostop en lugar de esperar el autobús que la llevaría a una clase de baile. En enero de 1973, Kemper continuó con sus impulsos asesinos y recogió a la autoestopista Cindy Schall, a la que disparó y mató.

Mientras su madre estaba fuera, Kemper fue a su casa y escondió el cuerpo de Schall en su habitación. Al día siguiente, diseccionó el cadáver y arrojó las partes al mar. Más tarde se descubrieron varias partes al ser arrastradas a la orilla. El 5 de febrero de 1973, Kemper utilizó una pegatina de aparcamiento del campus que le había dado su madre para facilitar un doble asesinato. Condujo hasta la universidad, donde se ofreció a llevar a dos estudiantes, Rosalind Thorpe y Alice Liu. Poco después de recogerlas, disparó a las dos jóvenes y luego pasó por delante de la seguridad del campus en las puertas con las dos mujeres heridas de muerte en su coche. Tras los asesinatos, Kemper decapitó a sus dos víctimas y desmembró aún más los cuerpos, extrayendo las balas de sus cabezas y desechando sus partes en diversos lugares.

En marzo, algunos de los restos de Thorpe y Liu fueron descubiertos por excursionistas cerca de la autopista 1 en el condado de San Mateo.En la época de los asesinatos de Kemper, otros dos asesinos en serie, John Linley Frazier y Herbert Mullins, también estaban cometiendo sus propios crímenes en la zona, lo que hizo que Santa Cruz recibiera el difamatorio apodo de "Capital del Asesinato" en la prensa. A Kemper le llamaban el "Asesino de las Colegas" y el "Carnicero de las Colegas".

El asesinato de su madre

En abril de 1973, Kemper cometió los que serían sus dos últimos asesinatos. El Viernes Santo, fue a casa de su madre, donde ambos tuvieron un desagradable intercambio. Kemper atacó a su madre después de que ésta se fuera a dormir, primero golpeándola en la cabeza con un martillo y luego cortándole la garganta con un cuchillo. Como había hecho con sus otras víctimas, la decapitó y le cortó las manos, pero también le quitó la laringe y la puso en el triturador de basura.Después de esconder las partes del cuerpo de su madre, Kemper llamó a la amiga de su madre, Sally Hallett, y la invitó a la casa. Kemper estranguló a Hallett poco después de su llegada y escondió su cuerpo en un armario. Kemper huyó de la zona al día siguiente y condujo hacia el este hasta llegar a Pueblo, Colorado, donde llamó a la policía de Santa Cruz el 23 de abril para confesar sus crímenes. Al principio no creyeron que el hombre al que conocían como "Big Ed" fuera un asesino. Pero durante los interrogatorios posteriores, les condujo a todas las pruebas que necesitaban para demostrar que era, de hecho, el famoso "Asesino de las Colegas".

Juicio y encarcelamiento

Acusado de ocho cargos de asesinato en primer grado, Kemper fue juzgado por sus crímenes en octubre de 1973. Fue declarado culpable de todos los cargos a principios de noviembre. Cuando el juez le preguntó cuál era su sentencia, Kemper dijo que debía ser torturado hasta la muerte. En su lugar, recibió ocho cadenas perpetuas concurrentes. Actualmente, Kemper está cumpliendo su condena en el Centro Médico de California en Vacaville.

12. Richard Ramírez

Años de actividad: 1984-1985
País: Estados Unidos
Asesinatos cometidos: 13 confirmados
Castigo: Condenado a muerte, pero murió antes de tiempo por una insuficiencia hepática

Ricardo Leyva Muñoz (Richard) Ramírez, nacido en El Paso, Texas, el 29 de febrero de 1960 y fallecido en Greenbrae, California, el 7 de junio de 2013 fue un asesino en serie estadounidense condenado por una serie de asesinatos, robos y violaciones que cometió en 1984 y 1985. El 31 de agosto de 1985, una semana después de su último asesinato, fue detenido. Fue condenado a muerte en 19 ocasiones, pero murió de insuficiencia hepática en el Hospital de Greenbrae (California).

El modus operandi de Richard Ramírez

Ramírez, también conocido como El Acosador Nocturno, aterrorizó a California en la década de 1980. Cometió una serie de asesinatos, normalmente vestido completamente de negro, invadiendo casas al azar durante la noche. Primero eliminaba a los hombres presentes con un tiro en la cabeza. Luego se dirigía a la mujer, a la que violaba en algunos casos.

Si la mujer se resistía, la mataba, si no, a veces le perdonaba la vida. Normalmente cometía los asesinatos con el primer objeto que estuviera cerca.

A una víctima la mató con un martillo, a otra le sacó los ojos. En una ocasión se llevó a casa un trozo del cuerpo de una víctima para enviarlo por correo a su casa al día siguiente. Es notable (y excepcional para los asesinos en serie) que Ramírez no siempre mataba a sus víctimas después de abusar gravemente de ellas o violarlas, esto ayudó a que se pudiera hacer una buena descripción de él rápidamente.

Al servicio de Satanás

Ramírez adoraba al diablo. Afirmaba trabajar al servicio de Satanás y asegurarse un lugar en el infierno con sus asesinatos. Durante su juicio, escandalizó a la audiencia por enésima vez al dibujar el signo del diablo en su mano y mostrarlo sonriendo a la prensa presente.

Infancia difícil e influencias

Ramírez creció en Texas en una familia con reglas muy estrictas. De niño, tenía que asistir semanalmente a la iglesia, que luego despreció. Su madre trabajaba en un entorno insalubre, lo que supuso un riesgo durante su embarazo. Dio a luz a dos hijos discapacitados, a una hija sana y a Richard, que inicialmente parecía sano.

Su madre lo describe como un niño muy alegre al que le gustaba cantar y bailar. En sus primeros años de vida, sufrió graves lesiones en la cabeza a causa de una caída, que le dejó sin oxígeno durante un tiempo, con posibles consecuencias perjudiciales. Su padre era un hombre estricto que pegaba regularmente a sus hijos con un cinturón.

Un primo mayor de Richard, Mike Valdez, veterano de Vietnam frecuentemente condecorado allí, llevaba a las jóvenes a la selva, las ataba y las violaba y mataba.

Hizo fotos del antes y el después de sus víctimas y se las enseñó a Ramírez cuando tenía 11 años. Ese mismo primo le metió una bala en la cabeza a su mujer un año después, delante de Ramírez....

Los primeros asesinatos

El 10 de abril de 1984, Richard Ramírez secuestró a la niña de 9 años Mei Leung. La violó, la apuñaló hasta la muerte y la dejó en el sótano de un hotel de San Francisco. No fue hasta 2010 cuando se demostró, mediante material de ADN, que Ramírez estaba implicado en este asesinato. Ramírez cometió su segundo asesinato en Los Ángeles el 28 de junio de 1984. La víctima fue Jennie Vincow, una mujer de 79 años. La asesinó y la violó.

El 17 de marzo de 1985, mató a otra víctima e intentó matar también a su compañera de piso, pero ésta sobrevivió al ataque y dio una descripción completa a la policía. Menos de una hora después, asesinó a una mujer de treinta años arrastrándola de su coche y disparándole. Murió antes de que llegara la ambulancia.

El 27 de marzo, asesinó a un hombre de 64 años y a su esposa. El método de asesinato en este caso fue especialmente cruel. Según la policía, golpeó la cara de la mujer hasta que se desplomó. Luego trabajó el cuerpo con un cuchillo y le sacó los ojos. Los cuerpos fueron encontrados por su hijo.

Su descripción distintiva

Tras el intento de asesinato, los medios de comunicación recibieron una descripción de Ramírez. Lo describieron como alguien con pelo largo y rizado, ojos saltones y mala dentadura. Le llamaron "El Intruso del Valle" o "El Asesino del Paseo". Más tarde se convirtió en "El acosador nocturno".

La foto de Ramírez se distribuyó y estuvo realmente en todas partes: en la televisión, en la portada de todos los periódicos. El Acosador Nocturno no era consciente de ello y tomó el autobús para visitar a su hermano en Tucson, Arizona. Vio a varios compañeros de viaje leyendo periódicos con la imagen de su rostro, fue (no es de extrañar) identificado y entró en pánico. Ramírez se marchó, pero fue reconocido en casi todas las esquinas. En un momento dado, incluso se topó con un grupo de ancianos de ascendencia mexicana, que le persiguieron y no dejaron de gritar "el matador". Parecía que el Acosador Nocturno iba a ser linchado por una turba enfurecida, pero la policía lo impidió. Finalmente, Richard Ramírez fue detenido.

Prueba y popularidad

El juicio contra Ramírez no tuvo mucho que decir sobre el contenido, ya que había suficientes testigos y era obvio que sería condenado. Sin embargo, el Acosador Nocturno hizo una gran declaración en el tribunal.

Bien conocida es, por ejemplo, la vez que Ramírez decidió dibujarse un pentagrama en la palma de la mano, que luego mostró a todo el mundo y, por supuesto, los medios de comunicación aprovecharon con entusiasmo. Menos conocido, sin embargo, es que el Acosador Nocturno supuestamente planeó disparar al Fiscal del Distrito. Los guardias lo escucharon en la cárcel, tras lo cual las autoridades decidieron colocar detectores de metales en todas partes y en ningún lugar para frustrar el plan de Ramírez.

En Estados Unidos, sólo significas algo de verdad cuando todo el país conoce tu nombre, y ése fue ciertamente el caso del Acosador Nocturno.Ramírez apenas podía aparecer en público o vería los pechos desnudos de las groupies.Hordas de mujeres jóvenes adultas se abalanzaron sobre el asesino en serie y, entre su detención y su eventual condena, el Acosador Nocturno tuvo, según se dice, quince novias diferentes.

El 14 de agosto de 1988, uno de los miembros del jurado, Phyllis Singletary, no se presentó en el tribunal. Inmediatamente se dio la alarma y Singletary fue encontrada muerta en su apartamento. Los demás miembros del jurado estaban aterrorizados: ¿podría haber hecho esto el Acosador Nocturno? Ramírez estaba en la cárcel, ¿no? ¿Poseía poderes psíquicos? No, Singletary resultó haberse suicidado.

Al final, Ramírez fue declarado culpable de todos los cargos: trece asesinatos, cinco intentos de asesinato, once violaciones y catorce robos.

Por ello, el 7 de noviembre de 1989 fue condenado a muerte en una cámara de gas de California.

Sin embargo, eso no impidió a sus groupies, y una de ellas se quejó con mucha insistencia del Acosador Nocturno. Doreen Lioy escribió a su "musa" 75 cartas de amor y en un momento dado se encendió la chispa. El 3 de octubre de 1996, los tortolitos se casaron en San Quintín, donde Ramírez esperaba la pena de muerte. Lioy hizo saber en varias ocasiones que se suicidaría si su pareja era realmente gaseada. Sin embargo, el matrimonio entre ambos no duró, ya que en 2009 Doreen dejó a Richard después de que las pruebas de ADN revelaran que había violado y asesinado a Mei Leung en el sótano de un hotel de San Francisco. Sin embargo, el acosador nocturno no se quedó solo, ya que más tarde se comprometió con Christine Lee, una escritora treinta años más joven.

La muerte de Richard Ramírez

La pena de muerte nunca se aplicó a Ramírez. Apeló su sentencia una y otra vez, y esos casos duraron tanto que (según los entendidos) lo más pronto que debería entrar en la cámara de gas era a los 70 años. El Acosador Nocturno no llegó a esa edad, ya que murió de insuficiencia hepática, a causa del cáncer, a los 53 años en el Hospital General de Marin, en Greenbrae, California. La hepatitis C y los efectos del consumo de heroína de Ramírez también influyeron en su muerte.

13. David Berkowitz

Años de actividad: 1976-1977
País: Estados Unidos
Asesinatos cometidos: 6 confirmados
Castigo: Seis cadenas perpetuas

David Richard Berkowitz, nacido como Richard David Falco, nacido en Nueva York el 1 de junio de 1953 es un asesino en serie y pirómano estadounidense.

David Berkowitz, también conocido como Hijo de Sam y Asesino del calibre 44, es un asesino en serie y pirómano estadounidense. En 1976 y 1977 aterrorizó a la ciudad de Nueva York y, tras su detención en el 77, confesó haber cometido seis asesinatos y haber causado siete heridas en ocho tiroteos.

Afirmó que el perro del vecino le había incitado a actuar porque la criatura estaba supuestamente poseída por un demonio.

La juventud de David Berkowitz

David Richard Berkowitz (nombre de nacimiento: Richard David Falco) nació el 1 de junio de 1953 en el barrio de Brooklyn de Nueva York, donde también creció. Su madre, Elizabeth "Betty" Broder, procedía de una familia judía y era camarera. En 1936, Broder se casó con Tony Falco, un italiano estadounidense, pero su matrimonio no fue duradero. De hecho, tras cuatro años, Falco dejó a Elizabeth por otra mujer.

En 1950, Broder inició una relación con otro hombre llamado Joseph Klineman. Tres años más tarde se quedó embarazada de un niño al que, por razones poco claras, decidió dar el apellido Falco. Sin embargo, pocos días después del nacimiento de David, decidió entregar a su hijo, al parecer porque Klineman la amenazó con dejarla si no lo hacía. Además, el hombre no quería que su hijo llevara su apellido.

Pearl y Nathan Berkowitz, del Bronx, decidieron adoptar al pequeño. Esta pareja de judíos americanos se dedicaba a la ferretería y los dos eran ya de mediana edad. La pareja decidió cambiar el nombre de David, de Richard David Falco a David Richard Berkowitz. El niño se crió sin hermanos.

Según el periodista John Vincent Sanders, la infancia de Berkowitz fue bastante problemática. Era bastante inteligente, pero no aprendía y le atraía la delincuencia: robaba y provocaba pequeños incendios. Los vecinos y la familia consideraban que el pequeño David era un niño difícil; se le describía como un malcriado y un matón. Sus padres adoptivos consultaron a un psicólogo al menos una vez, pero su comportamiento nunca dio lugar a una hospitalización oficial ni a problemas en la escuela.

Cuando David tenía 14 años, su madre adoptiva Betty murió de cáncer de mama. Su relación con su padre adoptivo se deterioró posteriormente porque no se llevaba bien con la nueva esposa de Nathan. A pesar de ello, obtuvo el título de bachillerato en el Christopher Columbus High School y estudió en la universidad durante un tiempo. Sin embargo, Berkowitz descubrió que eso no era para él, por lo que ingresó en el ejército a los 17 años. Sirvió en Corea del Sur y se licenció con honores en 1974.

Tras su paso por el ejército, David localizó a su madre biológica, Betty, que le contó los pormenores de su nacimiento. Esto supuso un shock para Berkowitz, que entonces se desvió completamente del camino. Asistió a clases en el Bronx Community College durante un año, pero se puso a trabajar como taxista en la Co-Op City Taxi Company en 1976. David tuvo todos los problemas del mundo para mantener un trabajo y se convirtió en un gran saltador de trabajos. En el momento de su detención, en 1977, trabajaba como clasificador de correo para el Servicio Postal de los Estados Unidos.

Las víctimas de David Berkowitz

A mediados de los años 70, David Berkowitz comenzó a cometer crímenes violentos. En su primer intento de asesinato utilizó un cuchillo, pero fracasó y entonces decidió utilizar una pistola en el futuro. El "gusto" de Berkowitz se hizo cada vez más intenso y se embarcó en una auténtica ola de asesinatos en el Bronx, Queens y Brooklyn. Su objetivo eran principalmente las mujeres blancas, jóvenes y atractivas, con el pelo largo, oscuro y ondulado. Suele hacer dos víctimas por crimen, y Berkowitz se hizo especialmente famoso (léase infame) porque cada vez se fijaba más en chicas jóvenes sentadas con sus novios en coches aparcados. A menudo también volvía a la escena del crimen más tarde.

Michelle Forman (15 años) y una mujer latinoamericana desconocida

Berkowitz tenía sólo 22 años cuando mató a sus primeras víctimas. En la Nochebuena de 1975, atacó a dos mujeres con un cuchillo de caza. Una de las víctimas, una mujer de origen latinoamericano, nunca fue identificada. La otra era Michelle Forman, de 15 años, estudiante de primer año en el instituto Truman. Berkowitz la atacó en un puente cercano a Dreiser Loop y sus heridas fueron tan graves que la trasladaron al hospital, donde permaneció una semana para recuperarse. Ambas mujeres sobrevivieron al ataque.

Donna Lauria (18 años) y Jody Valenti (19 años)

Esto hizo que Berkowitz cambiara su modus operandi: empezó a utilizar una pistola. A la 1:10 de la madrugada del 29 de julio de 1976, Donna Lauria y su amiga Jody Valenti (ambas trabajaban en el hospital) estaban en un coche aparcado cerca de Peachtree's, un club nocturno de New Rochelle. Lauria abrió la puerta de su coche y vio que se acercaba un hombre. Se asustó y gritó: "¡Qué es esto!". El hombre, Berkowitz, sacó su arma de fuego de una bolsa de papel y abrió fuego. Donna recibió un impacto, pero murió al instante. Valenti también fue alcanzada, aunque en el muslo, y una tercera bala no alcanzó a ambas mujeres. Jody sobrevivió al incidente y pudo dar a la policía una descripción de su atacante, que según ella medía 1,73 metros, pesaba unos 91 kilos y tenía el pelo corto y oscuro.

Carl Denaro (20 años) y Rosemary Keenan (18 años)

El 23 de octubre de 1976 se produjo un tiroteo similar; esta vez con Carl Denaro (un guardia de seguridad) y Rosemary Keenan (una estudiante del Queens College) como víctimas. Los dos tortolitos estaban sentados tranquilamente en un coche cuando las ventanillas "explotaron" de repente. Denaro fue golpeado en la cabeza, pero Keenan sólo sufrió heridas superficiales por los cristales que salieron despedidos. Ambos sobrevivieron al ataque, pero a Carl le colocaron una placa de metal en la cabeza para sustituir parte del cráneo.

Donna DeMasi (16 años) y Joanne Lomino (18 años)

El 27 de noviembre de 1976, las estudiantes de secundaria Donna DeMasi y Joanne Lomino acababan de terminar una noche de cine cuando estaban en el porche de la casa de Lomino revisando la película. Un hombre se acercó a las dos y les dijo: "¿Podría decirme...?". Antes de terminar la frase, sacó un revólver. Las dos jóvenes fueron alcanzadas una vez, pero sobrevivieron al incidente. Lomino, sin embargo, fue golpeada en la espalda, dejándola paralizada

Christine Freund (26 años) y John Diel (30 años)

A las 00:40 del 30 de enero de 1977, la secretaria Christine Freund y su prometido John Diel, un camarero, estaban sentados en el coche de Diel cerca de la estación LIRR de Forest Hills, en Queens. Acababan de ver la película Rocky y planeaban ir a bailar. Sin embargo, Berkowitz abrió fuego contra ellos y tres balas penetraron en su coche. Dos de ellas alcanzaron a Freund, que murió varias horas después en el hospital. Diel sólo fue rozado y logró escapar.

Virginia Voskerichian (19 años)

A las 19:30 horas del 8 de marzo de 1977, Virginia Voskerichian, estudiante universitaria, se dirigía a su casa desde la Universidad de Columbia. Fue emboscada por un hombre armado, y en un intento de salvarse Voskerichian levantó sus libros de texto en el aire. El papel, sin embargo, no fue rival para la bala que lo atravesó y la alcanzó. Murió al instante.

Alexander Esau (20 años) y Valentina Suriani (18 años)

A las 03:00 horas del 17 de abril de 1977, Alexander Esau, conductor de grúa, y Valentina Suriani, aspirante a actriz y modelo, estaban en el coche de Suriani en el Bronx. Ambos fueron alcanzados por dos balas. Suriani murió en el lugar de los hechos y Esau corrió la misma suerte, pero murió en el hospital unas horas después del tiroteo.

Sal Lupo (20 años) y Judy Placido (17 años)

El 26 de junio de 1977 tuvo lugar el siguiente tiroteo. Esta vez las víctimas fueron Sal Lupo, un mecánico, y Judy Placido, que acababa de recibir su diploma de secundaria. Acababan de salir del club nocturno Elephas en Bayside, Queens, cuando Berkowitz comenzó a dispararles. Lupo fue alcanzada en su antebrazo derecho y Plácido en la cabeza, el cuello y el hombro. Sin embargo, ambos sobrevivieron al ataque.

Stacy Moskowitz (20 años) y Robert Violante (20 años)

La secretaria Stacy Moskowitz y el vendedor de ropa Robert Violante fueron las últimas víctimas de Berkowitz. Ellos también estaban en un coche, después de su primera cita, besándose apasionadamente, cuando se abrió fuego contra ellos. Tanto Moskowitz como Violante fueron

alcanzados en la cabeza, pero sólo la joven resultó herida de muerte.
Robert tuvo que ser operado de urgencia y perdió un ojo.

Las cartas de David Berkowitz

David Berkowitz escribió dos cartas. Una fue encontrada cerca de los
cuerpos de sus víctimas Esau y Suriani y estaba escrita en su mayoría en
letras mayúsculas. Otra carta la dirigió al columnista del Daily News Jimmy
Breslin.

La primera letra

*Me duele profundamente que me llame odiador de mujeres. No lo soy.
Pero soy un monstruo. Soy el Hijo de Sam. Soy un pequeño mocoso.
Cuando el padre Sam se emborracha se vuelve malo. Golpea a su familia.
A veces me ata a la parte trasera de la casa. Otras veces me encierra en el
garaje. A Sam le encanta beber sangre. Salir y matar' ordena el padre
Sam. Detrás de nuestra casa algunos descansan. La mayoría de los jóvenes
violados y sacrificados - su sangre drenada - sólo huesos ahora.*

*Papá Sam también me tiene encerrado en el ático. No puedo salir, pero
miro por la ventana del ático y veo el mundo pasar. Me siento como un
extraño. Estoy en una longitud de onda diferente a la de todos los demás,
programada para matar. Sin embargo, para detenerme debes matarme.
Atención a todos los policías: Dispárenme primero, disparen a matar o si
no.*

*¡Apártate de mi camino o morirás! Papá Sam ya es viejo. Necesita algo de
sangre para preservar su juventud. Ha tenido demasiados ataques al
corazón. Demasiados ataques al corazón. "Ugh, me hoot it urts sonny boy.
Extraño a mi linda princesa más que nada. Está descansando en nuestra
casa de señoras pero la veré pronto. Yo soy el Monstruo-Beelzebub - el
Rechoncho-Beemouth. Me encanta cazar. Merodeando por las calles en
busca de caza justa - carne sabrosa.*

*Los wemon de Queens son los más bonitos de todos. Yo debo ser el agua
que beben. Vivo para la caza, mi vida. Sangre para papá. Sr. Borrelli,
señor, no quiero matar más no señor, no más pero debo, honrar a tu
padre. Quiero hacer el amor al mundo. Amo a la gente. No pertenezco a la
Tierra. Devuélveme a los yahoos. A la gente de Queens, los quiero. Y*

quiero desearles a todos una feliz Pascua. Que Dios os bendiga en esta vida y en la siguiente y por ahora os digo adiós y buenas noches. Policía - Dejadme que os persiga con estas palabras; ¡volveré! Volveré! Para ser interpretado como - bang, bang, bang, banco, bang-ugh!! Suyo en el asesinato Sr. Monstruo

La segunda carta de David Berkowitz

Hola desde las alcantarillas de N.Y.C. que están llenas de estiércol de perro, vómito, vino rancio, orina y sangre. Hola desde las alcantarillas de N.Y.C. que se tragan estas delicias cuando son arrastradas por los camiones barredores. Hola desde las grietas de las aceras de N.Y.C. y de las hormigas que habitan en estas grietas y se alimentan de la sangre seca de los muertos que se ha depositado en las grietas. J.B., te escribo para decirte que aprecio tu interés por esos recientes y horrendos asesinatos del 44. También quiero decirte que leo tu columna a diario y la encuentro bastante informativa.

Dime Jim, ¿qué tendrás para el veintinueve de julio? Puedes olvidarte de mí si quieres porque no me interesa la publicidad. Sin embargo no debes olvidar a Donna Lauria y tampoco puedes dejar que la gente la olvide. Era una chica muy, muy dulce pero Sam es un muchacho sediento y no dejará que deje de matar hasta que se sacie de sangre. Sr. Breslin, señor, no piense que porque no ha tenido noticias mías durante un tiempo me he ido a dormir. No, más bien, todavía estoy aquí.

Como un espíritu que vaga por la noche. Sediento, hambriento, rara vez se detiene a descansar; ansioso por complacer a Sam. Amo mi trabajo. Ahora, el vacío se ha llenado. Tal vez nos encontremos cara a cara algún día o tal vez me vuelen los polis con 38 humeantes. Sea como sea, si tengo la suerte de encontrarme con vosotros os hablaré de Sam si queréis y os lo presentaré. Su nombre es "Sam el terrible". Sin saber lo que nos depara el futuro me despido y nos vemos en el próximo trabajo. ¿O debería decir que verás mi trabajo en el próximo trabajo? Recuerde a la Sra. Lauria. Gracias.

En su sangre y de la alcantarilla "La creación de Sam" .44 Aquí hay algunos nombres para ayudarte. Reenvíenlos al inspector para que los use el N.C.I.C: 'El Duque de la Muerte' 'El Malvado Rey Wicker' 'Los Veintidós Discípulos del Infierno' 'John Wheaties' - Violador y Asfixiador de

Jovencitas. P.D: Por favor, informe a todos los detectives que trabajan en el asesinato para que permanezcan. P.D: JB, por favor informa a todos los detectives que trabajan en el caso que les deseo la mejor de las suertes. Que sigan cavando, que sigan pensando en positivo, que muevan el culo, que golpeen los ataúdes, etc. Cuando me capturen, prometo comprarles un par de zapatos nuevos a todos los que trabajan en el caso, si puedo conseguir el dinero. Hijo de Sam

Sospecha

Cacilia Davis estaba paseando a su perro en el lugar donde Moskowitz y Violante fueron tiroteados, cuando vio a un agente de policía poniendo una multa de aparcamiento. Entonces se encontró con un hombre que la estudiaba atentamente.

 En un principio no lo denunció a la policía, pero cuatro días después lo hizo. Las autoridades investigaron y encontraron el coche de Berkowitz, un Ford Galaxie de 1970. El detective de la policía de Nueva York James Justis emitió una orden de arresto contra Berkowitz, queriendo interrogarlo. Se llamó a otra comisaría (la de Yonkers) para localizar al posible autor.

La detención y la confesión

El arresto se llevó a cabo sin problemas, ya que el 9 de agosto de 1977 se emitió la orden de arresto y un día después, el 10 de agosto, Berkowitz fue capturado con el collar. En su coche, la policía encontró un rifle en el asiento trasero, una mochila llena de munición, mapas de las escenas del crimen y una carta amenazante dirigida al inspector Timothy Dowd, del Grupo Especial Omega. Berkowitz no se dejó atrapar fácilmente, pero cuando el detective John Falotico le puso una pistola en la sien, cooperó de todos modos. Entonces también se encontró una bolsa de papel que contenía un revólver con munición del calibre 44 (el arma que el Hijo de Sam utilizó en sus asesinatos). Berkowitz no se anduvo con rodeos y dijo a los agentes: "Bueno... ¡me habéis pillado!".

Berkowitz estaba especialmente orgulloso de sus asesinatos, lo que quedó claro un día después, el 11 de agosto. Sólo tuvo que ser interrogado durante 30 minutos antes de confesar todos sus asesinatos. Tuvo una notable explicación para ello, ya que dijo a sus interrogadores que el perro de su vecino le había dado instrucciones para matar a la gente. El animal estaba poseído por un demonio, dijo el asesino en serie.

Prueba

Tres psiquiatras diferentes declararon que Berkowitz tenía capacidad mental para comparecer ante un juez. Sus abogados le aconsejaron que alegara demencia, pero el asesino se negó. El 8 de mayo de 1978 compareció ante el tribunal y el veredicto tuvo lugar unas semanas después. El 12 de junio de 1978, Berkowitz fue condenado a 25 años de prisión por asesinato.

Prisión

Al principio, Berkowitz fue alojado en un centro psiquiátrico, que formaba parte del Hospital del Condado de Kings, pero allí se comportó tan mal que los miembros del personal dieron la voz de alarma. El Hijo de Sam fue trasladado a la famosa prisión de Sing Sing y más tarde al correccional de Clinton, donde fue examinado mental y físicamente. A continuación se le asignó una celda en Attica, otra prisión.

A Berkowitz no le gustó el lugar y calificó su estancia en Attica como "una pesadilla". En 1979, un compañero intentó matarlo; le cortaron el cuello de oreja a oreja, pero sobrevivió al ataque.

En 2021, Berkowitz reside en el centro penitenciario de Shawangunk, en Nueva York.

Libertad condicional

De acuerdo con la orden judicial de 1978, Berkowitz puede solicitar la libertad condicional cada dos años, y la primera audiencia al respecto tuvo lugar en 2002. En ese momento, el asesino en serie escribió una carta a George Pataki, entonces gobernador de Nueva York, expresando su arrepentimiento. En ella afirmaba, entre otras cosas, que "si soy honesto, merezco una sentencia de cadena perpetua. Con la ayuda de Dios, hace tiempo que lo he aceptado". Aún así, esperaba ser liberado, pero esto fue rechazado. En una nueva audiencia en 2016, Berkowitz dijo al tribunal que "no se veía a sí mismo como un peligro para la sociedad", y en 2018 volvió a intentarlo, sin éxito. En realidad, una nueva audiencia debería haber tenido lugar en mayo de 2020, pero fue cancelada debido al coronavirus.

Culto satánico

Berkowitz volvió más tarde a su confesión. En 1979, envió un libro sobre brujería a la policía de Dakota del Norte. En la cárcel afirmó haberse unido a una secta satánica en 1975, y en 1993 añadió que sólo había cometido tres de los asesinatos del Hijo de Sam. Berkowitz afirmó que varios miembros de la secta habían estado presentes en los tiroteos y mencionó, entre otros, los nombres de John y Michael Carr (los hijos del dueño del "perro demonio"), otro miembro al que llamó "Manson II" (por Charles Manson), y además dijo que también había una mujer miembro de su secta. Sin embargo, esto nunca se ha demostrado.

14. Aileen Wuornos

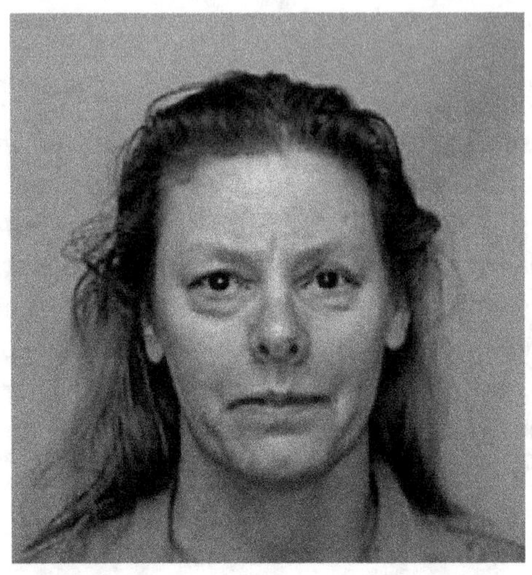

Años de actividad: 1989-1990
País: Estados Unidos
Asesinatos cometidos: 7 confirmados
Castigo: Sentencia de muerte por inyección letal

Aileen Carol Wuornos, nacida Aileen Carol Pittman, apodada
Damsel of Death, en Rochester, Michigan, el 29 de febrero de 1956,
y fallecida en Florida, el 9 de octubre de 2002, fue una asesina en
serie estadounidense condenada a muerte por el Estado de Florida
en 1992. Finalmente fue condenada a muerte en seis ocasiones.
Wuornos confesó haber matado a siete hombres de forma
independiente. Afirmó que fue violada o que intentaron violarla
mientras trabajaba como prostituta. Fue condenada a muerte por
inyección letal el 9 de octubre de 2002. El largometraje de 2003
Monster se basó en su historia.

La juventud de Aileen Wuornos

Aileen Carol Wuornos nació como hija de Diane Kathleen Wuornos y Leo Arthur Pittman. Sus abuelos maternos eran de ascendencia finlandesa. Leo Pittman, al que nunca conoció, fue un pederasta que cumplió condena en Kansas y en un hospital psiquiátrico de Michigan. Murió ahorcado, probablemente por suicidio, mientras estaba encarcelado en la prisión federal de Kansas el 30 de enero de 1969. La madre de Wuornos, Diane, tenía quince años cuando se casó con Pittman el 3 de junio de 1954. Del matrimonio nacieron dos hijos. Keith nació en 1955 y Aileen en 1956. Tras menos de dos años de matrimonio (y unos meses antes de que naciera Aileen) Diane se divorció de Pittman. Diane abandonó a sus dos hijos en 1960. El cuidado pasó a los abuelos maternos, "Lauri" Jacob Wuornos y Aileen "Britta" Moilanen. Lauri y Britta adoptaron a los dos niños y los llevaron a su casa en Troy, Michigan.

Wuornos dice que su abuelo abusó psicológica y sexualmente de ella cuando era niña y que su abuela era alcohólica. Sue Russel escribió en su libro Lethal Intent que Wuornos fue golpeada con un cinturón por su abuelo. A los doce años, Aileen y su hermano Keith descubrieron que Lauri y Britta eran sus abuelos y no sus padres biológicos. Aileen afirma haber tenido relaciones sexuales con varias parejas, incluido su propio hermano, a una edad temprana. Se quedó embarazada a los catorce años. Su hijo nació el 23 de marzo de 1971 en una maternidad de Detroit. Fue condenada al ostracismo por su familia y rechazada por la comunidad. El niño fue dado en adopción poco después. Aileen se vio obligada a buscar refugio en un coche abandonado en el bosque antes de ser enviada a un hogar para madres solteras.

Britta Wuornos murió en julio de 1971 (oficialmente por una insuficiencia hepática, pero la madre de Aileen acusó posteriormente a Diane Lauri de haber matado a Britta). Tras la muerte de su abuela, Aileen y su hermano quedaron bajo tutela judicial. Comenzó a trabajar como prostituta mientras seguía estudiando. Comenzó a utilizar el alias de Sandra Kretsch en mayo de 1974. Fue detenida y encarcelada en el condado de Jefferson

(Colorado) por conducir bajo los efectos del alcohol, por comportamiento perturbador y por disparar una pistola del calibre 22 desde un coche en marcha. Un cargo adicional fue el de no comparecer ante el tribunal porque se fue de la ciudad para el juicio.

Regresó a Michigan. Fue detenida en el condado de Antrim y acusada de agresión y alteración del orden público el 13 de julio de 1976 como resultado de un incidente en el que lanzó una bola de billar contra la cabeza del camarero. También se le expidió una citación por órdenes de arresto pendientes por conducir sin licencia y por beber en un vehículo motorizado. Se le impuso una multa de 105 dólares. El 17 de julio de 1976, su hermano Keith murió de cáncer de garganta y Aileen recibió 10.000 dólares de su póliza de seguro de vida. Aileen pagó la multa de 105 dólares y en dos meses se gastó el resto del dinero en artículos de lujo, como un coche nuevo, que luego rompió.

En 1976 viajó en autostop a Florida, donde conoció al presidente del club náutico Lewis Gratz Fell, 49 años mayor que ella. Se casaron en 1976, y la noticia de su matrimonio apareció en una revista local. Pero Wuornos siguió protagonizando constantes enfrentamientos en el bar local y acabó siendo enviada a la cárcel por agresión. También golpeó a Fell con su propio bastón, tras lo cual él presentó una orden de alejamiento contra ella. Se divorciaron el 21 de julio de 1976, tras seis semanas de matrimonio.

Los últimos años de la vida de Aileen Wuornos

El 20 de mayo de 1981, Aileen fue detenida de nuevo en Edgewater, Florida, por robo a mano armada. Fue condenada a prisión el 4 de mayo de 1982 y liberada el 30 de junio de 1983. El 1 de mayo de 1984, fue condenada de nuevo por cobrar cheques falsos en un banco de Key West. El 30 de noviembre de 1985, fue vista como sospechosa del robo de un arma y munición en el condado de

Pasco. Por esta época, Aileen "tomó prestado" el nombre de Lori Christine Grody de su tía/cuñada (la hija de sus abuelos) en Michigan. En diciembre de 1985, "Lori Grody" (Wuornos) recibió una citación por conducir sin licencia válida.

El 4 de enero de 1986, Wuornos fue detenida con su propio nombre en Miami y acusada de robo de automóvil, resistencia a la autoridad y obstrucción a la justicia por dar información falsa. La policía de Miami encontró una pistola del calibre 38 y una caja de munición en el coche robado. El 2 de junio de 1986, 'Lori Grody' (Wuornos) fue detenida por la policía del condado de Volusia para ser interrogada después de que un hombre la acusara de haber sido amenazado en su coche por ella con una pistola exigiendo 200 dólares. Aileen llevaba munición de repuesto y se encontró una pistola del calibre 22 bajo el asiento del copiloto en el que estaba sentada.

Wuornos, ahora bajo el alias de "Susan Blahovec", fue multada por exceso de velocidad en el condado de Jefferson (Florida) apenas una semana después. Unos días después de este incidente, Wuornos conoció a Tyria Moore, de 24 años, en un bar gay de Daytona. Pronto se convirtieron en amantes el uno del otro. Moore dejó su trabajo como camarera en un motel y permitió que Aileen los mantuviera con el dinero que ganaba como prostituta. Se trasladaron de motel en motel, a veces incluso durmiendo en un viejo granero. En julio de 1987, la policía de Daytona Beach interrogó a Moore y a "Susan Blahovec" (Wuornos) porque se sospechaba que habían golpeado a un hombre con una botella de cerveza. El 18 de diciembre de ese mismo año, Wuornos recibió una citación por conducir en la carretera con el carné caducado.

Moore fue oído como testigo en este incidente. El 23 de julio de 1988, Moore y Wuornos (bajo el alias de "Susan Blahovec") fueron acusados de cometer actos de vandalismo en su apartamento por su casero en Daytona Beach. Dijo que habían arrancado la alfombra del apartamento y pintado las paredes de color marrón oscuro sin su permiso. En noviembre de 1988, Wuornos lanzó una campaña de seis días de llamadas telefónicas amenazantes a un supermercado de Zephyrhills tras un desacuerdo por unos billetes de lotería. En 1989, Aileen rara vez viajaba sin un arma cargada. Trabajaba en bares y aparcamientos para ganar dinero como prostituta. Por aquel entonces, Wuornos y Moore tenían cada vez más problemas económicos.

Los asesinatos

La primera víctima de Wuornos fue el propietario de una tienda, Richard Mallory, en Palm Harbor, Florida. Lo asesinó el 30 de noviembre de 1989. De las seis víctimas restantes, sólo se encontraron cinco. Sus otras víctimas identificadas fueron:

- **David Spears**, 1 de junio de 1990
- **Charles Carskaddon**, 6 de junio de 1990
- **Peter Siems**, 4 de julio de 1990 (se encontró el coche, pero no el cuerpo)
- **Troy Burres**, 4 de agosto de 1990
- **Dick Humphreys**, 12 de septiembre de 1990
- **Walter Jeno (Gino) Antonio**, 9 de noviembre de 1990

Detención y condena

Wuornos fue finalmente detenida cuando ella y Moore sufrieron un accidente de tráfico mientras viajaban en el coche de la víctima. Rechazaron la ayuda de los transeúntes a pesar de que Aileen estaba sangrando y huyeron del accidente. Sus composiciones ante la policía fueron transmitidas posteriormente por la televisión. La policía localizó a Moore en Pensilvania, a donde había regresado para vivir con su hermana, y llegó a un acuerdo: si testificaba contra Wuornos, se le garantizaba la inmunidad. Moore aceptó. La policía organizó un motel para Moore en Florida. Ella escribió una carta a Wuornos, que estaba en la cárcel por violar su libertad condicional. Tras innumerables llamadas telefónicas y una amenaza de Moore de que se suicidaría, Wuornos se derrumbó y dijo: "Tienes que hacer lo que tienes que hacer. No dejaré que te envíen a la cárcel. Si tengo que confesar, lo haré". Hizo una declaración completa el 16 de enero de ese mismo año. Wuornos citó la autoprotección para el asesinato de Mallory: supuestamente la violó. Fue declarada culpable de asesinato en enero de 1992 con ayuda de la declaración de Moore. Cuando fue declarada culpable del asesinato de Mallory, Wuornos dijo a los medios de comunicación: "Me violaron, me torturaron. Tenían el volante del coche, tenían una foto del volante con arañazos, estaba roto. Esa es la prueba de que me ataron al volante. No puedo creer que esto haya sucedido. Mientras tanto, Moore había firmado varios contratos de libros y películas para vender su historia. También lo habían hecho tres detectives que trabajaron en el caso, y que más tarde dimitirían.

En noviembre de 1992, la reportera de Dateline NBC, Michele Gillen, descubrió que Mallory había cumplido diez años por violación violenta en otro estado. El juez se negó a añadirlo como prueba, y el caso de Wuornos no se reabrió.

El 31 de marzo de 1992, Wuornos se declaró inocente del asesinato de Dick Humphreys, Troy Burress y David Spears. Dijo: "Quiero hacer las cosas bien con Dios". Durante el juicio, fue adoptada por Arlene Pralle después de que ésta tuviera un sueño en el que se le decía que "cuidara" de Wuornos. Según Pralle, Jesús le dijo que escribiera a Aileen y ella lo hizo. Lo que Wuornos no sabía es que Pralle aceptaba dinero por las entrevistas, incluida una con Nick Broomfield, que le pagó 10.000 dólares. Parte del dinero fue a parar al antiguo abogado de Wuornos, Steven Glazer, que contrató a

Pralle. La petición de Wuornos al Tribunal Supremo fue denegada en 1996.

La relación entre Wuornos y Pralle empezó a tambalearse; Wuornos empezó a sospechar que Pralle sólo estaba allí por la publicidad y el dinero. Wuornos contó a Broomfield en una entrevista que Pralle y Glazer le indicaron formas de suicidarse en la cárcel. También le aconsejaron que no luchara porque Glazer, conocido antes del juicio de Aileen como "Dr. Legal", era demasiado inexperto para llevar un caso de asesinato múltiple. En su declaración, se dirigió al tribunal y dijo: "Quiero confesar que Richard Mallory me violó violentamente mientras declaraba. Pero los otros no lo hicieron. Sólo lo empezaron".

En junio de 1992, se declaró culpable del asesinato de Charles Carskaddon y recibió su quinta condena a muerte. En febrero de 1993, se declaró culpable del asesinato de Walter Jeno Antonio y fue de nuevo condenada a muerte. No fue acusada del asesinato de Peter Siems porque su cuerpo nunca fue encontrado. En total, fue condenada a muerte seis veces.

Wuornos contó varias historias contradictorias sobre estos asesinatos. Admitió haber matado a siete hombres de forma independiente. Inicialmente afirmó que los siete la habían violado mientras trabajaba como prostituta. Más tarde se retractó en defensa propia. Durante una entrevista con Broomfield, cuando cree que las cámaras están apagadas, le dice que en el caso de Mallory fue realmente en defensa propia, pero que no vio otra opción que la pena de muerte. Dice que no podría soportar estar encerrada el resto de su vida. Cuando Broomfield le pregunta: "¿Fue en defensa propia?", ella responde: "Sí, como muchos otros, pero no puedo decírselo a nadie, así que tuve que optar por la pena de muerte".

La ejecución de Aileen Wuornos

Tras su primera condena a muerte, Wuornos dijo a menudo que deseaba que "todo acabara de una vez". En 2001, anunció que no impugnaría su sentencia de muerte. Suplicó al tribunal de Florida que despidiera a su equipo de enjuiciamiento y detuviera todas las apelaciones. Dijo: "Maté a esos hombres, les robé tan fríamente como el hielo. Y lo volveré a hacer. No sirve de nada mantenerme viva ni nada, porque voy a volver a matar. Hay mucho odio en mí... Estoy tan harta de escuchar 'Está loca'. Me han evaluado tantas veces. Soy competente, estoy en mi sano juicio y trato de decir la verdad. Soy alguien que realmente odia a la gente y volveré a matar. Aunque sus abogados argumentaron que no era mentalmente competente, la psiquiatría decidió lo contrario, por lo que se le concedió la petición.

El gobernador de Florida, Jeb Bush, encargó a tres psiquiatras que entrevistaran a Wuornos durante quince minutos. Los tres consideraron que estaba mentalmente sana para llevar a cabo la ejecución. La prueba de competencia requiere que los psiquiatras estén convencidos de que la persona condenada a muerte entiende que va a morir y también comprende el delito por el que va a ser ejecutada.

Más tarde, Wuornos empezó a acusar al personal de la prisión de abusar de ella. Les acusó de contaminar su comida y escupirla, de que sus patatas se cocinaban en la tierra y de que su comida le llegaba con orina. También dijo que escuchó conversaciones sobre "tratar de volverme tan loca que me suicide antes de la ejecución, y que desean violarme antes de la ejecución". También se quejó de que la registraban, de que la esposaban con tanta fuerza que le ponían las muñecas azules cada vez que salía de su celda, de que daban patadas a la puerta, de que la enfermera jefe revisaba periódicamente las ventanas, de que la presión del agua era baja, de que había moho en su colchón por asco y de que le tenían puro odio. Wuornos amenazó con boicotear las duchas y los carros de comida cuando ciertos funcionarios estuvieran trabajando. Wuornos: "Mientras tanto, mi estómago refunfuña enormemente y me ducho en el lavabo de mi celda".

Su abogado declaró: 'La Sra. Wuornos sólo quiere un trato normal, un trato humano hasta el día en que sea ejecutada y si las acusaciones resultan no ser ciertas, entonces está claro que está bajo esa ilusión. Se cree lo que escribe".

Durante la fase final del juicio concedió una serie de entrevistas a Broomfield. En su última entrevista, justo antes de la ejecución, dijo que su mente estaba controlada por la presión de ondas sonoras que la hacían parecer loca y que sería llevada por ángeles a una nave espacial. Cuando Broomfield intentó que hablara sobre sus anteriores afirmaciones de que había matado a sus víctimas en defensa propia, Wuornos se puso diabólica, regañó a Broomfield y terminó la entrevista. Más tarde, Broomfield se reunió con Dawn Botkins, una amiga de la infancia de Wuornos, que le dijo: "Lo siento, Nick. Ella no te dio el dedo. Ha señalado a los medios de comunicación y a los abogados. Sabía que si decía algo más, podría influir en su ejecución mañana, así que decidió no decir nada".

No se sabe con certeza cuál fue su última comida. Algunas fuentes afirman que rechazó la comida, que podría haber sido de menos de 20 dólares, y que en su lugar le dieron una taza de café. La entrevista de Broomsfield afirma que su última comida fue pollo frito y patatas fritas de KFC.

Sus últimas palabras fueron: "Me gustaría decir que estoy navegando con la Roca y que volveré como en el Día de la Independencia junto con Jesús, el 6 de junio, como en la película, una gran nave nodriza y todo eso. Volveré'.

Después de su muerte

Tras su ejecución, Aileen Wuornos fue incinerada. Ella había pedido que la canción de Natalie Merchant Carnival fuera tocada durante el funeral. Esto, combinado con el conocimiento de que Wuornos había pasado muchas horas escuchando el álbum Tigerlily de Merchant mientras estaba en el corredor de la muerte, llevó a Merchant a conceder permiso para utilizar Carnival durante los créditos del documental Aileen: Life and Death of a Serial Killer. Las cenizas de Wuornos fueron esparcidas por Botkins bajo un árbol en Michigan, de donde era Wuornos.

Wuornos es la décima mujer ejecutada en Estados Unidos desde la reinstauración de la pena de muerte en 1976 y la segunda mujer en Florida.

Broomfield dijo más tarde:

Creo que la ira se desarrolló en ella. Y trabajó como prostituta. Creo que tuvo muchos encuentros desagradables en el camino. Y creo que esa ira comenzó a desbordarse hasta que finalmente explotó. Con una violencia increíble. Esa fue su manera de sobrevivir....

Creo que Aileen realmente pensó que estaba matando en defensa propia. Creo que alguien que es profundamente psicótico no ve realmente la diferencia entre una amenaza de muerte y una pequeña discusión: se puede decir que si dijiste algo con lo que ella no estaba de acuerdo empezó a gritar y estalló en una rabia ciega.

Creo que por eso pudo ocurrir todo esto. Y al mismo tiempo, cuando no estaba en un estado de ánimo tan extremo, había una humanidad increíble en ella.

15. John George Haigh

Años de actividad: 1944-1949
País: Inglaterra
Asesinatos cometidos: 6-9 confirmados
Castigo: Sentencia de muerte en la horca

John George Haigh, nacido en Wakefield, el 24 de julio de 1909 y fallecido en Londres, el 10 de agosto de 1949, apodado El Asesino del Baño de Ácido, fue un asesino en serie en Inglaterra durante la década de 1940. Fue condenado por el asesinato de seis personas, pero afirmó haber matado él mismo a nueve. Su modus operandi consistía en matar a la gente, disolver sus cuerpos en ácido sulfúrico y luego vender sus posesiones. Creía que la policía no podía acusar a nadie de asesinato hasta que encontrara un cadáver. Finalmente fue condenado en base a pruebas forenses y ejecutado el 10 de agosto de 1949.

La juventud de John George Haigh

Haigh nació en Wakefield y creció en el cercano pueblo de
Outwood. Sus padres, John y Emily, eran miembros de la Asamblea
de Creyentes. Se vio obligado a vivir confinado por una valla de un
metro de altura construida por su padre para aislar a la familia del
mundo exterior. Haigh afirmó más tarde que en su juventud sufría
de pesadillas religiosas recurrentes. Haigh asistió a la Queen
Elizabeth Grammar School, una escuela privada de Wakefield,
donde aún se conserva una mesita con su nombre. Sus padres
cambiaron su fe y él se unió al coro de la catedral de Wakefield.

Haigh desarrolló su pasión por los coches. Tras dejar la escuela, se
unió a un club de constructores de motores. Al cabo de un año, lo
dejó y se puso a trabajar para compañías de seguros y agencias de
publicidad. A los 21 años, fue despedido tras ser sospechoso de
robo. En 1934, Haigh dejó de asistir a la iglesia.

Matrimonio y prisión

El 6 de julio de 1934, Haigh se casó con Betty Hammer, una mujer
de 21 años. El matrimonio no tardó en fracasar. Ese mismo año,
Haigh fue a parar a la cárcel por fraude. Mientras cumplía su
condena, Betty tuvo un bebé, pero lo hizo adoptar y dejó a Haigh.
Poco después de ser liberado, fue enviado a prisión de nuevo, esta
vez durante quince meses, por un esquema de fraude con coches
comprados a crédito. Cuando salió en libertad, puso en marcha un
negocio, pero ese plan fracasó cuando su socio murió en un
accidente de moto.

Después se trasladó a Londres y se convirtió en el chófer de William
McSwann, el rico propietario de un parque de atracciones. Haigh y
McSwann se hicieron amigos, pero Haigh seguía queriendo entrar

en el mundo de los negocios. Lo intentó, pero acabó de nuevo en la cárcel por fraude, esta vez durante cuatro años. Justo después del comienzo de la Segunda Guerra Mundial, fue liberado, y luego encarcelado de nuevo por robo. Durante su estancia en la cárcel ideó el "asesinato perfecto": destruir el cuerpo disolviéndolo en ácido sulfúrico. Lo probó con ratones y comprobó que el cuerpo sólo tardaba treinta minutos en desaparecer.

Los asesinatos del "Baño de Ácido"

En 1944 fue liberado y consiguió un trabajo en una empresa de ingeniería. Poco después, se encontró por casualidad con McSwann en el pub de Kensington. McSwann presentó a Haigh a sus padres, Donald y Amy, quienes señalaron que habían invertido en bienes. El 6 de septiembre de 1944, McSwann desapareció. Haigh dijo más tarde que lo golpeó en la cabeza después de atraerlo a un sótano. Luego puso su cuerpo en un tambor de 160 galones de ácido sulfúrico concentrado. Dos días después, Haigh regresó y vio que el cuerpo se había convertido en un excremento, y lo arrojó a la alcantarilla. Les dijo a los padres de McSwann que su hijo había huido a Escocia para no tener que alistarse en el ejército. Cuando los padres empezaron a preguntarse por qué su hijo no había regresado al terminar la guerra, también los mató: el 2 de julio de 1945, los atrajo a Gloucester Road y se deshizo de ellos.

Haigh robó los cheques de la pensión de Donald McSwann, vendió sus posesiones -ganando unas 8.000 libras- y se instaló en el hotel Onslow Court de Kensington. En el verano de 1947, Haighs se quedó sin dinero por culpa del juego y encontró otra pareja a la que asesinar y robar: el doctor Archibald Henderson y su esposa Rose, a los que conoció tras decir que estaba interesado en una casa en venta. Alquiló un pequeño taller en la carretera de Leopord, en Crawley, West Sussex, y se llevó el ácido sulfúrico y el bidón. El 12 de febrero de 1948, llevó al Dr. Henderson a Crawley, supuestamente para mostrarle un nuevo invento. Cuando llegaron a Crawley, le disparó en la cabeza con un revólver que había robado previamente de la casa de Henderson. Luego atrajo a la Sra. Henderson a su taller, alegando que su marido había enfermado repentinamente, y le disparó también. Primero hizo disolver los cuerpos en ácido sulfúrico, y luego falsificó una carta de los Henderson y vendió todas sus posesiones por 8.000 libras. Sólo se quedó con su perro.

Última víctima y detención

La siguiente y última víctima de Haigh fue Olive Durand-Deacon, una viuda de 69 años que también vivía en el hotel Onslow Court. Le dijo a Haigh que tenía una idea para hacer uñas artificiales. Él la invitó a su taller el 18 de febrero de 1949 y, cuando estaba dentro, le disparó en la nuca, le robó todos sus objetos de valor y disolvió su cuerpo en ácido sulfúrico. Dos días después, Constance Lane, una amiga de la viuda, denunció su desaparición. Poco después, varios detectives descubrieron el historial de robos y fraudes de Haigh y registraron su lugar de trabajo. La policía encontró no sólo su maletín, que contenía una factura de la tintorería de la señora Durand-Deacon, sino también documentos sobre los Henderson y los McSwann. El patólogo Keith Simpson examinó el taller y acabó encontrando tres cálculos biliares humanos.

Cuando Haigh fue interrogado por el detective Albert Webb, éste le preguntó: "Dígame con toda sinceridad, ¿qué probabilidad hay de que Broadmoor libere a alguien?". El inspector dijo que no se le permitía hablar de esas cosas, a lo que Haigh respondió: "Si le dijera la verdad, no me creería. Suena demasiado fantástico para creerlo". Entonces Haigh confesó que no sólo había matado a Durand-Deacon, los McSwann y los Henderson, sino también a otras tres personas: un joven llamado Max, una chica de Eastbourne y una mujer de Hammersmith.

Juicio y ejecución

Tras su detención, Haigh fue puesto en prisión preventiva en la celda 2 de la comisaría de Horsham, en la calle Barttelot. Se le acusó de asesinato, y el juicio contra él comenzó en el tribunal cercano, el Old Town Hall.

El "Fiscal General", Hartley Shawcross KC, fue el fiscal y exigió al jurado que rechazara la declaración de demencia porque Haigh había actuado con plena conciencia. David Maxwell Fyfe, el abogado de Haigh, llamó a muchos testigos para confirmar que el estado mental de Haigh era malo, por ejemplo Henry Yellowlees, que afirmó que Haigh estaba paranoico. El verdugo Albert Pierrepoint lo ejecutó en la horca el 10 de agosto de 1949.

Conclusión:

En primer lugar, gracias por leer este libro. Estas fueron las biografías de los asesinos en serie más notorios de nuestra historia.

Si te ha gustado la lectura de este libro y te gustaría ver futuras publicaciones sobre temas como éste, háznoslo saber y déjanos una reseña en la plataforma o en la web de la tienda donde compraste este libro y nos pondremos a trabajar en ello.

El equipo de True Crime Reports es un apasionado de estas partes de la historia y le encantaría continuar con una variedad de temas en la categoría de crímenes reales.

www.ingramcontent.com/pod-product-compliance
Lightning Source LLC
LaVergne TN
LVHW011014200726
843509LV00011B/1094